U0931797

統神學叢書

哲學與神學

追尋生命的激情

卡普托 著　鄧紹光 譯

▼
系統神學叢書

哲學與神學

追尋生命的激情

Philosophy and Theology

作者
卡普托 John D. Caputo

譯者
鄧紹光

責任編輯
江程輝、林諾欣

裝幀設計
奇文雲海 · 設計顧問

■

出版／發行
基道出版社
香港沙田火炭坳背灣街26號富騰工業中心1011室
LOGOS PUBLISHERS
Unit 1011, Fo Tan Ind. Centre, 26 Au Pui Wan St., Shatin, Hong Kong
電話：(852) 2687-0331 傳真：(852) 2687-0281
網址：http://www.logos.com.hk

承印
陽光印刷製本廠

●

9/2011 初版
Cat. No. LP253
ISBN: 978-962-457-424-1

Original Edition "Philosophy and Theology"
Published by Abingdon Press

Printed in Hong Kong

刷次	10	9	8	7	6	5	4	3	2	1
年份	2020	2019	2018	2017	2016	2015	2014	2013	2012	2011

中文版序：生命的激情

我很高興也很榮幸，歡迎《哲學與神學》(*Philosophy and Theology*)的中文翻譯面世。我在這本小書提出的問題，是關於我們的時代已經接受了的後現代轉向，以及後現代的情境如何影響古代哲學及神學的召命。我的目的是以簡要的及相對地直接但沒有稀釋我想要説的實質內容的語言，來完成這項工作。我希望本書有些自然地講到好幾處關於美國文化的地方，不會妨礙我所表達的要點；在這個日益全球化的世界，我認為這些要點可以應用到我們所有人身上。

「後現代」(postmodern)對我來説，意指當代由資訊及運輸技術的爆炸所創造的新的及單一的文化。在後現代性之中，全球四方八面的人，都被帶進相對地快速及容易地互相聯繫的境況中。後現代性意即世界各地的文化都由萬維網(world-wide-web)、國際旅遊、即時信息、全球定位系統、智能手機(smart phone)和數碼資訊所創造。諸種文化彼此滲透及開放，不再孤離及不透明。今日我們所感到的多樣性及多種性，在古代是聞所未聞的，「現代性」(modernity)對此也僅只是驚鴻一瞥。我在這書所講的現代世界，是很粗糙地把從十七世紀早期——那時是歐洲科學的誕生——直到二十世紀中期，勾勒出來的。後現代的世界是高科技多元文化的文明，在二十世紀下半葉透過科技的微型化及數碼化的出現，而開始生根。今日，我們能夠差不多到處旅遊(如果我們能夠支付費用)，透過高清電視可以看見地球另一邊所發生的事情，使用家中電腦跟另一個大陸的人面對面傾談。在後現代性之中，我們對「差異」（difference）有一種有教養的及敏銳的感應，跟現代人相反；現代人的心思總是以「普遍性」（universality）和純粹理性（pure reason）來思考，後現代人會認為這些詞彙是假象，大都出於沒有遇上其他人所致；這些現代人在今日不可能生存。

因此，我這本小書是一項冒險的嘗試，以前現代、現代和後現代的方式分期，確實是簡化了。我探索在這時期信仰與理性的際遇所出現的轉移，以及前現代和後現代——即現代之前及之後——的溝通的方式；在其中有某些方式對信仰有利，也有助信仰跟「現代性」的極端理性主義保持距離。我要宣稱的是，後現代為宗教和神學敞開空間；宗教和神學曾一度在現代性底下受到攻擊。現代主義者傾向以中心性的能力（centralized power）來思考。這能力經營事物的方式，就好像鐘錶那樣子（這鐘錶可以是「上帝」或「自然」）。後現代主義者認為事物遠比上述所講的自由及不受束縛得多；事物被組合一起或鑲嵌到一鬆散的網絡之中，但這網絡是沒有中心的。萬維網的中心——或開始或結束——在哪裏？現代主義者喜歡地圖上清晰可見的線條，而後現代主義者則堅持，真正的地形經過繪圖之後，必定變得更混亂和不整齊。現代主義者高舉數學的精確性，後現代主義者則喜歡提醒他們：哥德爾的「不確定性」原理（Gödel's "undecidability" theorems）。現代主義者對牛頓力學感到欣悅，後現代主義者指向愛恩斯坦的相對論及量子物理學之間的弔詭。現代主義喜歡認為事物是由規則所約束，而後現代主義者則愛好不可形構化（non-formalizable）及不可程序化（unprogarmmable）。現代主義者認為世界是〔條理的〕宇宙（cosmos），後現代主義者則認為世界是個小「混沌的宇宙」（chaosmic），這是借用喬伊斯（James Joyce）的用語。一言以蔽之，今日我們更多欣賞不規則、差異、多元性，以及角度的多樣性。

評論者會認為我們會在後現代性之中被「相對主義」（relativism）所威脅，但我在這書的論點是：文化中的後現代轉向已經給予宗教和神學一把新的聲音，希望同時有新的機會讓這把新的聲音被聽到。如果現代性是朝向世俗主義和對宗教作出批判——在尼采（Friedrich Nietzsche）宣告上帝之死中達到高峰——來發展，那麼後現代主義就會變成令人關注的後世俗的（post-secular），並是「尾隨上帝之死」（after the death of God）而來的。後現代性容許宗教在晚期現代性（十九及二十世紀初期）飽受兇猛的攻擊之後，再次露面；那時，所有現代科學的勢力，包括（那時的）新「心理分析」的科學、經濟學、歷史學對聖經諸經卷的探究，伴隨著強而有力的世俗的民主政治制度的冒起，匯合一起攻擊宗教，並預告其滅亡。後現代理論的主要衝擊，在於對如下的宣稱投下懷疑：存在著一個非歷史的、無所不包的而可以解釋一切的巨型故事，在這個故事之中一切都可以被約化。如果這宣稱有甚麼重要性，那就是：後現代主義意味著抗拒每一項這樣的「約化主義的」宣稱。這樣的意思是，以純粹理性之名攻擊宗教，這在後現代理論之中逐漸失去效力，只因為純粹理性的觀念被顯明為不自量力。

沒有所謂的純粹理性，只有多樣的善良/美好理性（good reasons）；不管怎樣，諸種理性在不同的論述中，各自都可配合獨特的境況，而完成其被召喚要提供的服務。在「啟蒙時代」的純光與所謂「黑暗時代」（Dark Ages）之間，有的是後現代的陰影、細微差別和明暗對比；後現代更尊重事物的格調和多義含混。那在粹純的看見與盲目的信仰之間的，是「解釋的視覺」（hermeneutic perspective），我以「看似/如」（seeing as）來定義這「解釋的視角」。在後現代性之中，我們堅持，「理性」總是看**似**/**如**，而信仰是一種**看**似/如的方式。

據此，人不再可能「合理地」以宗教是「非理性的」（irrational）——彷彿「合理地」、「非理性」這些詞項只有一個意思——為理由，而把「宗教」趕出運動場；原因很簡單：理性自身意即某些多樣性和彈性的東西。只要我們欣賞這些字詞的格調及複雜性，「信仰」與「理性」之間的古老衝突，就可以完全改寫。從解釋的觀點來看，信仰意即內在於架構、語言和代模（paradigm；或譯典範、範式）來運作；這些東西的有效性是假設的（presumptive），同時是必要的又在需要時要作出修正的。同樣，理性意即把不同的方法複合而成的整體，為特殊處境的需要作出準備，並欣賞以多樣方法處理一個處境、多樣的聲音，和多樣的視角。每一理性有其信仰，而每一信仰有其理由。只有當物理學、心理分析或經濟學被賦予一絕對非歷史的地位，那才會出現甚麼也不理會、只以這些學科的方法來合理地證成的情況：這些學科可以被使用來「驅除」（exorcise）宗教或宣告其為假象。在後現代的觀點之中，某些可以在宗教之中被言說及履行的東西，卻在其他學科是不能被言說及履行的，而神學及對宗教所作的哲學研究，都嘗試去辨識那些東西是甚麼。

透過這視角的多音性（plurivocity），我也論證宗教自身是一多音的現象（plurivocal phenomenon）——不單是因為宗教視角的多樣性，這多樣性產生了「宗教的多元主義」的難題——但也因為已經過世的法國哲學家德里達（Jacques Derrida; 1930～2004年）所謂的「沒有宗教的宗教」（religion without religion）。德里達這「沒有宗教的宗教」意指，宗教的「非教義的重複」（the non-dogmatic repetition）作為某種宗教的結構，可以永遠不會被收縮至任可一種「認信的」宗教（"confessional" religions），意即不被縮減至具體的歷史的宗教傳統。因此，這本小書當機立斷，提出最重要的論點，這論點是在對奧古斯丁（Augustine）這位基督教古典時期的巨人，與德里達的「宗教」——德里達是後現代的其中一位巨人——作出可愛的比較時提出的。（如果你在閱讀這本書時，也逐漸愛上奧古斯丁和德里達，我的目的就達到了！）這比較揭示某種原初的「信仰」（primal "faith"），以及甚至我們生命核心中的「祈禱」的生命；這生命可能但不需要以認信的信仰的方式出現，或是可能但不需要使用認信的祈禱書。這「宗教」屬於我們生命中的基本奧祕，這奧祕並不威嚇我們，但卻可以使得今日由當代科學持續獲得的、令人驚歎的眾多發現，更為偉大。這些發現是指宇宙那無法理解的廣大範圍，以及量子世界（quantum world）那無法理解的微小現象，這些觀點在現代性早期已被宗教思想家帕斯卡爾（Pascale）和庫薩的尼古拉斯（Nicholas of Cusa）所確認。德里達引起爭議的地方是，他是一個祈禱的人，但根據一般的標準他卻是「無神論者」，也是一個以確實非凡的和異於尋常的方式「重複」（repeating）神學的人。哲學與神學——這本小書的書名和主題——證明，在我們追尋那很難處理的奧祕時，在追尋某些遠古以來已經推動哲學與神學兩者不斷追尋的東西時，哲學與神學都是旅途中的同伴。那奧祕、那東西遍佈這對戀人在多個世紀之中彼此之間發生的爭辯之中。那奧祕是我所稱之為的「我們生命的激情」；因為這奧祕，我們所擁有的激情乃是為了追尋生命的，這激情乃生命之所是。無論有沒有我們習慣意義上所講的「祈禱」與「宗教」，我堅持那激情是祈禱與宗教的根本。在奧祕之中的，是激情；在激情之中的，是哲學與神學的生命。

知道這本論及生命的激情的小書，現在可以出版中文譯本，供漢語讀者閱讀，沒有甚麼比這更讓我開懷了。

卡普托（John D. Caputo）
多馬斯 · 沃森宗教教授（榮休）
（The Thomas J. Watson Professor of Religion Emeritus）
紐約西拉鳩斯市大學（Syracuse University, New York）
大衛 · 庫克哲學教授（榮休）
（The David R. Cook Professor of Philosophy Emeritus）
賓夕法尼亞州維拉諾瓦大學
（Villanova University, Pennsylvania）
二○一一年七月

周序

卡普托已被認定為當代宗教哲學的翹楚。我認為這本被翻譯成中文的《哲學與神學——追尋生命的激情》，乃這位重要哲學家最重要的作品之一，亦是基道出版社翻譯事工的里程碑。鄧紹光博士的翻譯非常出色。

作者卡普托在這部具洞察力、熱誠及啟發性的作品中，嘗試處理哲學與神學中的重要觀念，並試圖更新兩者間的對話，而這種對話曾經被現代性的力量所掩藏。卡普托展示出，後現代的氛圍容許哲學與神學謹慎地對話，而不是以絕對的詞彙來談話。而且，這後現代的氛圍是充滿生氣的，在其中對知識界限的共同承認，讓對話成為可能。卡普托就像識途老馬的領航員，帶領我們從蘇格拉底（Socrates）的方法走到尼采的批判主義、從保羅神學的細微處走到海德格（Martin Heidegger）的**詮釋學轉向**、從安瑟倫（Anselm）探討神存在的本體論走到維根斯坦（Ludwig Wittgenstein）對「公共語言」的理解。卡普托以公平及批判性的眼光剖析與呈現以下的集體智慧及批判：阿奎那（Thomas Aquinas）對「第二因」的理解、庫恩（Thomas Kuhn）的典範轉移、笛卡兒（René Descartes）持續的懷疑主義、德里達對確定性及不可命名性的思考。卡普托並對其中不一致的地方作出陳述和反駁，鼓勵讀者在辯證的對話中，建立自己的批判眼光和反思聯想。在這本立論清晰的作品中，每一頁都充滿對神學及哲學，豐富且不可錯過的啓迪。

周學信
中華福音神學院神學及教會歷史教授
二〇一一年七月

譯序

基督教神學在其發展的過程中，無可避免會跟時代的思想相遇。這種相遇很容易出現互相較勁的情況。初期教會就有耶路撒冷與雅典有甚麼相干的爭論，到了中世紀逐漸把哲學收歸而為神學的僕役。可是，自現代哲學出現，笛卡兒的「我思故我在」，使得人類理性漸露頭角，而促成此後的啟蒙運動。自此，神學與哲學的關係、信仰與理性的關係，慢慢主客易位，直到後現代哲學的出現，才有另一番局面。

本書作者卡普托是海德格和德里達專家，自身專研歐陸現象學、解釋學。譯者在上世紀九十年代因讀海德格與德里達而接觸卡普托的著作，特別在研寫有關德里達的文章時得益非淺。雖然卡普托長於解讀海德格和德里達等人不同風格的哲學著作，但他對整個西方的哲學發展並其跟神學的種種關係，也十分熟稔。卡普托雖為天主教信徒，但對神學的了解卻頗為普世，具有一種綜覽全局的眼界，而可以深入哲學與神學之中，擷取貫通之要點與線索，提出新的視角，疏理兩者的關係。這本小書，正是如此。

這書的書名正題直譯為《哲學與神學》，其中「與」(and)字是關鍵字，表明哲學「與」神學是並排的而不是非此即彼的，也不是其中一個從屬於另一個。卡普托在這裏是採取了後啟蒙時代的觀點，無論神學或哲學，都是從某一獨特的起點出發，致力尋索實在(reality)、了解真相。我們沒有普遍共同的起點，或是判準，因此也就不能像從前的信仰時代或理性時代，訴諸大家公認的信仰或理性，而可得出所有人都接受的看法。卡普托把這二千年來的故事，娓娓道來，讓讀者輕易掌神學與哲學、哲學與神學，兩者之間的爭議互動；從前現代到現代到後現代，一直下來，一氣呵成，實在大師之作。

譯者本來沒有計劃翻譯此書，手上的研究規劃多未開展，惟基道出版社的編輯「賴皮地」屬意譯者，譯者亦只好在僅餘的聖誕前後空檔提筆，完成初稿，然後抽空在農曆年假進行修訂，最終仍然只是一份有待訂正打磨的譯稿。因此，一如過往，本書的逐字逐句審訂，全賴基道出版社的編輯同工林諾欣和江程輝，修改誤譯及補上缺譯，並理順文句，謹此致謝！但願這本小書有助神學生了解自身神學歷史中與哲學的種種關係，並從卡普托的獻議中看到出路。是為序。

鄧紹光

香港．西貢（北）．西澳

二〇一一年六月三日

目錄

註：各章題為中文版所增添。

導言

有一段文字經常伴隨我身，那就是年青的尼采（Friedrich Nietzsche）所看見的景象：很久以前，在宇宙遙遠角落中的一粒小星星上面，聰明的小動物發明了一些讓牠們足以自豪的字詞（words），例如真（truth）與美好（goodness）。但很快小星星冷卻下來，小動物要死去，伴隨牠們死去的還有牠們所自豪的字詞。只是宇宙從不稍停一步，它仍然活著並往前走，繼續在無數天空之間來回，跳著其宇宙之舞。

尼采早已描述了我們的命運？是否有人知道我們在這裏？或者關心在意我們？信靠上帝是否可以一勞永逸地把我們從這恐怖的景象中釋放出來？或者這景象是無可避免的，這不是因為這景象能夠被牢固地建立起來，而為最後的真理；而是因為這景象仍然是一種可能性，像陰魂一般地纏擾和威嚇著信仰？並且，這叫人不安、恆常威嚇信仰的景象，事實上是否有助於把信仰建構成為信仰——這信仰所看見的並不是全部而是部分？

這問題、這組問題，對我來說，是哲學的和神學的議題所冒現出來的方式，並且兩者是一起出現的。對我來說，這兩者總是重疊的、互相交纏的和彼此溝通的，它們卻以一種無止境的競爭和合作的方式來進行，由此形成它們穿越無數世紀的歷史。哲學家和神學家追問「諸種終極」(ultimates)，這是我們向自己提問那最深層的多種問題；或是好一點的講法，這些終極持續地把它們自己加諸我們身上。哲學家和神學家都是較為不穩定的類型，他們曾為類似的問題而擱下手中的工作，被捲進我們生活的外在和內在空間去進行探索。在探索中，哲學家和神學家兩者都以謹慎小心的眼光注視對方；他們探索的領域，橫跨極多相同的題材——上帝及倫理、我們的起源和我們的命途——在無數年日之中，他們像情侶那樣，不時進行妒忌的和好鬥的口角，有時也會進行協作式的爭論。

1

哲學「與」神學

我在思考哲學與神學時，以辯護下述的論題作為開始：「哲學與神學」，這兩個西方思想和文化的巨神，它們之間的對峙——同時是競爭與合作——中，最重要的字眼是「與」(and)。這好像讓我顯得有點怯懦，當兩個偉人邁步踏入房間之時，我卻膽怯地嘗試從後門溜走。然而，這是我的立場。我只能這樣做。全都在於「與」。有時候，「與」宣告兩種互相歸屬的東西，幸福地走在一起；這兩者看來是那麼天造地設的一對，正如當牧師說：「現在我宣告你們為丈夫**與**妻子。」但有時候，「與」卻是提出挑戰，衝著我們而來，並且用目光壓倒，說道：「你膽敢在這房間把這兩人結合成一對！」那麼，這個標題就好像表示，「民主黨與共和黨」聚集辯論美國聯邦政府的財政預算。那麼，「與」肯定會引發火花，並且成為爭鬥的時機，這就好像，如果這對伴侶最後在離婚法庭上終結其一切，你就會明白那種「與」了。大多數時間，當我們說「與」，我們的意思是「反對」(against)或「對比」(versus)，並且我們準備開始戰鬥。當拉里 · 金（Larry King；譯按：美國著名清談節目主持人）告訴我們，他會在明天晚上的節目中，請到一位大膽發言的自由派「與」一位直言不諱的保守派，討論同志婚姻，我們便全都調校心情，期望一連串的直率言論。「與」，可以表示幸福的婚姻或是不幸福的婚姻，婚禮或戰爭，一場兩個老朋友靜靜的深思對話或電視上大聲叫嚷的清談節目。我們是否要勸喻這雙方各走各路，甚至要他們想也別想要走在一起？

因此，我們要做的事有很多。我們不單需要了解哲學家和神學家各自在他們自己的工作間所做之工作（雖然這要求已是一種苛求），我們也需要決定他們怎樣彼此溝通，這涉及了那小小的「與」，否則，我們很可能讓這小小的「與」走漏了眼。

為甚麼這樣膽怯？那叫我們擔心的是在哲學家和神學家之間那內置的地盤戰爭。當他們對我們生命的終極意義提出相同的問題時，他們是從不同方向提出的。神學家屬於信仰羣體，而他們的工作是透過「信仰的信條」（tenets of faith）或「啟示的內容」來思考的，上述兩者皆是聖經的話語和共同的信仰，是過去這麼多年來忠心的信徒所傳遞下來的。我們甚至可能以之為神學的運作定義（working definition），以之為場所（place），在當中信仰羣體進行思考、檢定、澄清、概念化，以及對歷史長河中的共同信仰作出更新。這是為甚麼諸神學——以及它們當中很多的——都以不同的類型條紋出現。某些神學是保守的、較為偏狹的，一心想儘可能嚴格地維護神聖話語，並且儘量避免被世界的思考方式（如哲學家的思考方式）所污染。某些是進取的，它們經常與世界對話從而再思古老的信仰，並把古老的信仰，跟周遭的文化——特別是哲學——「關聯」(correlating)起來。[1]

然而，哲學家喜歡視自己為較獨立的，就好像自僱人士(freelances)，他們單獨工作，不是信仰羣體所委託的，不需向人報告而只需向自己報告——正如他們所說的類似論調。哲學家宣稱，哲學無論往下追尋(至其根基)或往上追尋(至其第一原理)，都是理性的。哲學家宣稱，他們為普遍的人類境況、事物一般(things in general)的意義和構成、事物一般的基本的或終極的「甚麼」(what)和「為甚麼」(why)，建立論證；並且他們這樣做，沒有求助任何外在的權威，只單單基於穩固的邏輯及觀察。

如你所看見的，哲學與神學對大部分相同的範圍作出宣稱，兩者對上帝、美好生活及作為「人」的意義等等，都感興趣，但兩者感興趣的方式卻極為不同，這是為甚麼它們之間必然出現競爭和衝突，卻又伴隨著合作的可能性。兩者都對我們開始時所講的尼采式謎語，有話要說。哲學家說，做哲學就是要成為一個敏銳的觀察員，以及有一個熱中邏輯的腦袋；從三藩市到新加坡的任何一個人，都被歡迎去嘗試做哲學。神學預設你有一特殊的宗教傳統，而你想要對之作詳細分析——雖然更進取的神學家想要他們的神學儘可能的公共和普遍，好把信息傳遞給每一個人。這就是對哲學家和神學家通常作出的分別；在這裏，我們想做的其中一件事，是測試我們對這種尋常看法實際上可以有多堅持。舉例來說，西方哲學家傾向在關於死亡和個體性(individuality)的題目上，言說一些十分西方的東西，這些主要是西方人的興趣，但卻跟非西方的傳統顯著不同。因此，哲學家豈不是欺騙自己嗎？實際上他們擁有一羣他們自己也不知道的支持者？哲學家不是經常並且無可避免地最終為某些羣體擔當發言人嗎？同樣道理，就如神學家要向教會報告，那麼，在甚麼程度上，哲學家要向他們現在落腳的大學報告，因為他們不再遊走於古代的論壇，進行(不收學費的)討論？

如果我們把哲學的思考和神學的思考，視為兩種不同的**行動**(acts)或思考模態(modes of thinking)，猶如一個整全人生的兩種不同向度，那麼我們可以想像，這兩種行動快樂地在同一個腦袋中同居共住，結果產生了一個思考的相信者(thinking believer)，或一個相信的思考者(believing thinker)，這是一個同時是學習的和有信仰的人。就眼所能見的例子，有很多宗教的哲學家(religious philosophers)和哲學的神學家(philosophical theologians)存在，這在神學傳統和哲學傳統很強的宗教羣體之中經常發生，就只講一些，如那些生出基督教知識分子或猶太教知識分子或伊斯蘭教知識分子的諸傳統。這種事情已經在千年來不斷發生。宗教的歷史真可稱得上滿是這類人士。事實上，只是自十八世紀開始，無神論才在西方知識分子中得到立足點，雖然我們要承認在此之前，無神論對許多西方知識分子已經深具特殊的吸引力。但是在此之前，每一個人都有其宗教的信仰，並且哲學的知識和神學的知識之間的分別，是簡單地由以下方式劃分或分派：藉

「理性」來認識的知識，以及藉「信仰」（faith）來相信的知識。[2]

但是，如果我們認為，哲學與神學的分別在於存在著兩種**類型**（types）的人，兩種不同風格的生命——信仰的神學生命和理性的哲學生命——那麼我們就很可能會開戰。然後，世界分成兩種類型，它們看來永遠有矛盾分歧，一類是信靠那比自己更高超的能力，被其引導，並且願意忍受某程度的不見（non-seeing）、某程度的只見「部分」及「對著鏡子觀看，模糊不清」，就像聖保羅所說的（林前十三 9～12），這些人對權威和傳統採取一種較為友善的觀點。至於另一類就是那些堅持自己觀看的人，他們倚靠自己的能力和資源，懷疑傳統和權威。我們很容易想到雙方會叫對方甚麼名堂。神學家會認為哲學家只專注於自己，他們是驕傲及自負的；而哲學家則會認為神學家有點瘋狂，他們被諸如天使和撒但等事物所困惑，神學家讓這些東西塞滿了其腦袋。

戰爭早在哲學開端時已爆發了，那時有些哲學首先以越過古老的宗教神話的方式展現。哲學家以蘇格拉底（Socrates）為他們的守護聖人（patron saints）之一，當然，這是世俗的聖人，而非某個在天堂上守望著這些哲學家的人。蘇格拉底前往雅典（Athens），向每個高貴的或低下的人提出問題，好尋找德性（virtues）的定義。蘇格拉底沒有假裝自己知道答案，而是在過程中，他向那些認為自己知道答案的人，顯示出他們並不知道答案，從而讓他們失禮於人前。正如你可以想像得到，蘇格拉底選擇這樣的天職便會為自己帶來有多糟透的結果；雅典人對他進行了一次聞名的審判，然後處決他，以此來回報蘇格拉底帶給他們的所有難堪之處。控告的罪名？他敗壞青年人，並且是無神論者。哲學家極為欣賞並嘗試學效蘇格拉底，除了有關處決及無償地教導的部分。他們認為使蘇格拉底遇上麻煩的部分原因，在於他跟傳統的宗教信念衝突。他們視蘇格拉底的審訊，和後來伽利略（Galileo Galilei）的審訊，為一種警告：神學為任何想要自己思考及提問連串叫人難堪的問題的人，招來麻煩。**神學**這字詞對許多哲學家來說，意味著一個非理性的和教條的（dogmatic）信念系統，不容許任何異議。很多哲學家，在別的事情上都不會同意二十世紀的德國哲學家海德格（Martin Heidegger），但卻會同意他所說的：「基督徒哲學」（Christian philosophy）的意念——相信的思考者或思考的相信者這意念——是方的圓（square circle）。對海德格來說，如果你是信徒，那麼你已決定讓你的思考提早退休。對於蘇格拉底提問的那種問題，你認為你已經擁有答案，而且你不能玩這遊戲；或者更好的講法是，你可以做的哲學只會是遊戲，只是一個你在玩的遊戲，因為在你的神學錦囊之中已有真正的答案。你從答案開始，嘗試以證明來翻新這答案，好讓你可以前往你想要去的地方。順道指出，那是一件對倚靠純粹「論證」或形式的「證明」這意念，以及對表示你追隨純粹「理性」，作出威嚇的事情。當你接觸到哲學及神學中敏感的議題，你便會發現那些對「直覺議題」（gut issues）已經深切持有某些信念的人，他們會嘗試尋找證明以支持他們的直覺(gut feeling),而非讓思考的碎片散落各處。(哲學和神學的其中一個標記,無論是好是壞,就是把論證不斷做下去。就如一個在開玩笑的人曾經説過:「哲學」意即「不能回答的問題」,而「神學」意即「不能提問的答案」。)

無論如何,在神學家當中並非沒有欣賞蘇格拉底的人。他們同意「未經檢視的人生是不值得活的」,正如蘇格拉底所説。他們認為宗教的信仰並不是讓提問睡覺,剛剛相反,宗教信仰揭示我們存在的深度、釋放那無盡的連鎖性反思,並以謙卑承認我們知道得很少作為出發點,展開一生的追尋。神學家欣賞蘇格拉底其中之一點,就是——他們認為哲學家可留心多一點——蘇格拉底是何等堅信他自己的無知和有限,這是他對抗驕傲之罪所建構的有益警告。在蘇格拉底許多世紀之後,祁克果(Søren Kierkegaard)要使其一生的工作,成為一個「基督徒的蘇格拉底」(Christian Socrates)。祁克果認為他在十九世紀的丹麥的處境,正是異常地蘇格拉底式的(singularly Socratic)。他尋找成為真正的基督徒是甚麼意思,就如蘇格拉底尋找真正德性那樣子,並且他認為當他周遭的世界認為其自己是基督徒時,那硬道理卻是:那世界不是基督徒,不是,因為如果成為基督徒,意即真正跟隨新約聖經而非口裏説説而已,那就不是了。因此,祁克果以思想家為自己的使命,要揭穿他所講的「基督王國」的假象(“Christendom” of illusion),這基督王國的確曾經是真正的「基督徒的」(Christian)。他也決不可能在這樣的平台上被選為監督。他沒有假裝自己實在成了一個基督徒，最恰當的説法是他嘗試成為一個基督徒。事實上，在「哲學」(philosophy)中的 *philia*，其意思是愛人，即一個被丘比特(Cupid)的箭所傷的，一個為了智慧而開始愛的追尋的人。祁克果在這意義底下，是極其蘇格拉底的，是極其哲學的(*philos*ophical)，他尋找並嘗試成為一個基督徒，就如蘇格拉底尋找智慧那樣子。祁克果和蘇格拉底同為哲學家；兩者的差別在於祁克果的信仰：智慧，終極地只在基督那裏被找到；而蘇格拉底則認為：智慧，深深印記在希臘**城邦**(polis)的生活形式之內，而可以在那裏被找到。[3] 當然，這些差異使一切得以分別開來，而我們不好低估這些差異。但是，對我們同樣重要的是，要察看它們怎樣互相溝通。

2

前現代性中的哲學「與」神學

在這本小書我想進一步提出的第二個論題，這是稍為大膽一些，是我一邊想一邊鼓起勇氣的，這論題就是：在**現代性**（modernity）之中，哲學與神學之間所爆發爭鬥的趨勢，是惡化了的。對於現代性，我指的大概是從十七世紀（現代科學的起源）到二十世紀上半葉這段時期，雖然在這種過於簡易的分期中，破洞與裂口是大得叫人尷尬的。現代性的趨勢是堅持理性（reason）能夠自己立足起來，理性能夠自己思考和工作。或許，我們應該稱這理性為大寫的理性（Reason），因為理性已在那些日子中獲得極大的威望，足以被冠以大寫。理性是自主的和已經成熟的，這意味著在現代性之中，事物像「信仰」、「傳統」，以及「權威」都被攻擊。「敢於你自己思考」（*sapere aude*）是其座右銘——敢於使用你的腦袋，敢於長大！如果這種講法使得現代對理性的看法好像一個青少年，其實這不是偶然的。對於康德（Immanuel Kant）來說，啟蒙時代（Enlightenment）是知性的成熟。康德就是引用上述的座右銘來回答「啟蒙是甚麼？」這問題的。啟蒙時代（現代性的主要發動機）意即西方長大成人的日子，像十八歲的青少年進大學念書後首次回家，他告訴父母，他會繼續接受父母的經濟支助，他很感謝父母，但他可能不會經常接受父母的忠告，而且認為他們的思考是何等的陳舊和迂腐。現代性可以是一種現代的現象，但這個別的場景卻並非這樣。古希臘劇作家亞里斯托芬（Aristophanes）寫過一齣關於這種情況的喜劇，叫《雲》（*Clouds*），它也是對蘇格拉底作出滑稽的模仿。有時間你不妨找找看，特別是如果你要找些論據駁斥父母。

關於我這稍為強烈的第二條論題，即哲學與神學的幸福婚姻所需的氣候，「與」一字的正面意義大概在**前現代**（pre-modern）的世界裏會較為合適，這前現代的世界是現代科學和現代政治趨勢改變風氣之前的世界。廣義地説，在那些前現代的日子——有時會稱之為「信仰的時代」（age of faith）——神學是首要的和受景仰的論述，就如科學在今日的樣子。神學被稱為「知識之皇后」（queen of sciences），並且它往往是終極的權威、中斷談話的東西，就如今日以下述方式所開始的談話：「科學已經證明……」，跟著下來的往往是一房子的靜默。每當皇室成員談話時，我們其餘的人都被嚇倒。

因此，你對現代性的看法，在於你所聽過的哲學的和神學的許多論證。雖然我會説些反對現代性的尖鋭看法，但是我並不是想提倡，我們要嘗試以某種方式重返前現代的秩序世界。前現代避免了許多現代的失敗，但它也冒犯了我們「現代民主的」本能。那個時代，人民都願意簽名同意這樣的觀念：有一個深深刻在萬物的深厚的層級、由上而下的秩序，即在上面的諸天和上帝，以及在下面的大地和我們——要注意這些關乎上帝的看法如何跟前哥白尼的（pre-Copernican）想像關連起來——在這種秩序之中的還有在上的君主和皇后，以及在下的普通百姓；在上的教士，在下的平民；在上的男人，在下的女人。而最後，神學在上，哲學在下，猶如「婢女」服侍皇后。現在來說，這是悲哀卻真實的，是在人間事務之中一條幾乎不可打破的定律，就是誰擁有權力，就會濫用權力；如果某人擁有絕對的權力，他或她就會絕對地濫用權力。美國的建國者找到了民主的解決，就是最好把權力分配給恰當數目的政黨，它們行使互相制衡的系統，以確保沒有人能夠獲得所有權力，沒有人能夠說“*l'état, c'est moi*”，即「我就是國家」。他們最多只能夠說，他們被選出在一段時間內出任某一職位，人民預期一旦他們的任期完結，最後就要執拾工作枱回家，就如華盛頓（George Washington）首先所做的。但是，無論你怎樣使之實現，誰獲得權力——在我們的情況，無論是哲學家還是神學家——另一方，就是缺乏權力的一方，都會有麻煩。在信仰的時代——大概從聖奧古斯丁（Saint Augustine）到中世紀晚期這段時期——神學家擁有權力，所以他們很多時都把哲學家粗暴地視為婢女（甚至更差），並且以火鉅恐嚇任何持異議的人（特別是「哲學家」）。有時神學家會濫用哲學這個詞語，用來侮辱人，意即異教、不信者；正如今日許多哲學家那樣子，他們若想要侮辱某些東西，便會稱之為神學，意即教條式的信仰。這正正是前現代世界的缺點，這是為甚麼我不會辯說要恢復這個世界。

但是從最好的地方來看，而這也是為甚麼我要轉向它（不是提倡恢復它），這段時間的偉大的神學家說了些關於信仰與理性的看法，是非常有趣及有意義的，這些看法今日可以再次浮出水面，獲取叫人驚訝的價值。他們把信仰置於某種特殊的光照底下，今天我們可以從中有所學習。在這些反思結束時，我會介紹第三種可能性：**後現代**（postmodern）。我將會指出，在某些方面前現代預示了後現代，兩者有一種十分有趣的互動關係。我將論說，給予信仰這類型的角色，有其基本正確的道理，雖然我們明顯地需要防範在意，免得我們被這從上而下的思考方式所重新侵佔。但是，前現代所引起我興趣的是，哲學與神學之間那種富生產力的相互作用，是我們在前現代中所找到的。所有基督教神學的偉大教義——其中首要的是三一與道成肉身——是早期教會跟希臘哲學密切對話的成果。聖保羅曾說過哲學是愚拙的，但他是想到這個世界差不多要終結了；他絕對不可能預見或甚至夢見，世界會在君士坦丁（Constantine）成為基督徒之後，以另一面貌出現。然後，基督徒思想家坐下，與世界的智慧同枱，一起思考；這是一個過程，以聖奧古斯丁那頂尖的成就為終結，他長長的身影延伸至整個神學歷史，直至今天；透過奧古斯丁流入基督教和西方文化的，是他繼承自希臘哲學家的一條哲學假設（philosophical assumptions）的河流。

我會提供兩個哲學和神學在前現代世界合作的方式的例子，它們之間的差異是很有指導性的。首先的例子是聖安瑟倫（Saint Anselm），他來自顯赫的奧古斯丁路向，即意指終極地來自柏拉圖（Plato）。第二個例子是聖阿奎那（Saint Thomas Aquinas），他是屬於十三世紀的；那時亞里士多德（Aristotle）已經很重要了。這樣已經告訴我們一些關於中世紀的事情，兩條寬闊的神學河流，預先被柏拉圖和亞里士多德這兩位哲學家，劃分開來。如果你想知道這兩位之間的分別，可以找找拉裴爾（Raphael）的《雅典學園》（*School of Athens*）的複製品。在這幅畫作之中，拉裴爾描繪柏拉圖的右手指天，意即真正的世界在上面，下面這個感官世界是上面世界的慕本，這跟某種神學情投意合。但是，亞里士多德把右手手指張開，指向他面前的土地，意即你總是從你鼻子以下的感官世界開始，這是另一種做神學的方法的要旨。馬丁．路德（Martin Luther）所開啟的宗教改革運動，極力嘗試踢走這兩位內在於神學前題之中的希臘哲學家，宣稱他們都是撒但的工作；特別是亞里士多德，他是個非常邪惡的傢伙。但是，如果你把哲學家趕出市鎮，結果也無可避免地削弱了神學，而你將把神學院的訓練約化成聖經的狂熱宣講及詩班的練習。宗教需要神學和神學家需要哲學，如果他們在傳遞其信仰時，想要告訴我們更多的東西，而不只是告知上帝對他們說了甚麼。中世紀的偉大神學家，都明白哲學跟神學的密切關係，一方往往引發另一方再思其假設，從而彼此滋養。因此，任何一方稱另一方為撒但的工作，而要獨自上路，猶如他們獨自講說天使的語言，這對雙方都沒有好處。

我想到聖安瑟倫那著名的「上帝存在的證明」，這可以在宗教哲學課程所有使用的選集中找到。哲學家標籤這深度的神學沉思為「存有論的論證」（ontological argument），意即它是一種努力，證明上帝的存在，其起點僅僅是**上帝**這觀念。安瑟倫說，關於上帝，我們全都同意，那是一個存有，我們再也想不到有另一個較之更偉大的。因為，如果有某些東西較上帝更偉大，上帝就不會是上帝。但是，如果某些東西只存在於我們的思想心靈而不存在於實在（reality），那麼，存在於實在的東西是更偉大的。故此，若上帝只存在於思想心靈而不存在於實在，那麼任何實際存在的東西也比上帝更偉大，這就跟上帝的觀念是對立的。因此，上帝在實在中存在，而不只是在我們的思想心靈中存在。

許多十分優秀的哲學的神學家，在這論證中找到某些可疑的東西，即使也有許多出色的哲學的神學家支持這論證。我不要捲入這分析那迂回曲折的黑洞之中，但我要告訴你的是——為你提供資訊——我同意這論證的反對者。那吸引我的不是對證明本身的反對，而是反對把它完全理解為一種「證明」、一種「現代」意義的證明，意即一種可以靠其自己的兩隻哲學之腳，自由地站立起來的論證。

正如新教神學家巴特（Karl Barth）和當代天主教哲學家—神學家馬里翁（Jean-Luc Marion）都同樣論說，這種以純粹現代主義和哲學來呈現的證明，是一種錯誤。無疑，安瑟倫在提供一個論證，但他這樣做的脈絡，清楚地指出：形式論證在一更大的戲劇中扮演一全然次要的角色（supporting role）。在這種脈絡下，安瑟倫向他的修道士伙伴說的是（他是跟修道士言說的，不是跟美國哲學學會〔American Philosophical Association〕演說），他們宗教的祈禱生活，以及個人的奉獻，應該被這樣一個圓滿的上帝的觀念所承托起來——上帝正正在那裏，因其圓滿而在那裏，不可抑制地、豐盈滿溢地在那裏。安瑟倫嘗試喚醒這觀念：上帝是首先、末後，以及永遠的（first, last, and always）；祂是阿拉法（alpha）和俄梅戛（omega）；祂是在我們之上並在我們之內及在我們周遭；祂在我們前面也在我們後面；祂在我們裏面又在我們外面；這麼多的講法是要我們更恰當地思想上帝，而不要以為上帝在我們裏面，猶如我們在上帝裏面一樣。換句話說，安瑟倫在形構一種上帝的觀念，這觀念表達他那種像古老聖詩所說的「透過祂，與祂一起，在祂裏面」活著的宗教經歷，他沒有想過這是獨立式的論證（＝哲學）。意即，他是說這不是（現代意義下的）論證，但卻是一種努力，嘗試用概念去捕捉或是弄清楚，那對所有在日常生活中經歷上帝的人是那麼直覺地明顯的東西。事實上，當安瑟倫講出這番有關上帝存在的說話時，他不是站著，他是跪下，而這種理性思考是要弄清楚他的信仰中的上帝，這上帝是在祈禱生活中賜給他的。如果你檢視《論說篇》（*Proslogian*），即這論證所在的文本，你便會看見它是以祈禱開始的。我說，安瑟倫的進路從廣義來說是奧古斯丁式和柏拉圖式的，因為他沒有走到外邊，而是在裏面尋找上面的上帝。奧古斯丁在《懺悔錄》（*Confessions*）中說：我在外面尋找祢，在外面世界萬物之中尋找祢，但祢卻一直在我裏面；這豈不是也意味著，他尋找到上帝，是藉著看見上帝已首先尋見我們。

阿奎那認為安瑟倫的論證並不那麼錯誤，只是稍為倉促而已。他贊同上帝那壓倒性的存有是直覺地明顯的，並且是極為清晰的——**如果**你擁有一種對上帝的直覺和直接的知識。但是，他想，那是在永恆中等候著我們的東西，而現下在地上惟一其存在可以直覺地及直接地給予我們的東西，就是在我們周遭世界的物質的東西。想想拉裴爾的畫作中亞里士多德所擺出的姿勢——阿奎那對此補上羅馬書一章20節，就是我們從這個世界可見的東西，認識那不可見的上帝。阿奎那認為作為哲學家——而這正是他對哲學的了解——你從那些對我們感官明顯的東西開始，以及從那裏開始理性地思考。你可以由此走向上帝，但是你由此所接觸的上帝，將會是一個相當薄弱的哲學家的上帝。記得在那些日子，他們並不會把東西分割，好像我們在現代學院的課程中那樣，而且在那些日子，哲學意即藝術和科學的整個領域，或是「現世的知識」（secular knowledge），即不管甚麼但不是法律、醫學，或神學，這就是為甚麼時至今日每個人獲得的是哲學博士（Ph.D, doctor of philosophy）。然而，神學家始於上帝並由上帝的立場出發去認識世界，雖然這不表示上帝的觀念在人出生時已經植入他們的靈魂之中。這樣的意思是，他們的出發點是：他們接受那些在啟示中為給定的

(given)東西，以及他們藉著恩典的幫助而相信的東西，這些東西包含了一個非常厚實的和結實的上帝的觀念。然後他們必定盡其所能，藉著理性的論證和概念的分析，去闡釋清楚這個觀念。

阿奎那認為自己是個神學家，並且他以基督信仰的信徒身分來發言，雖然他在這工作上使用很多哲學。他主要的作品——就是所有中世紀哲學課程都會讀到的——是《神學大全》(*Summa Theologiae*)，意即「神學撮要」(summary of theology)。然而，當他說「那位哲學家」(the philosopher)，他指的是亞里士多德。但是，其中一個理由使得阿奎那麼聞名，在於他在神學(從信仰出發來作理性思考)與哲學(從感官出發來作理性思考)之間建立了巧妙的平衡，但兩者都運用理性。哲學可以走一段可觀的路程，直至它筋疲力盡，然後神學在這關口接力而哲學的努力則被加冕。恩典把自然圓滿起來。作為一個帶有亞里士多德特性的基督徒，阿奎那認為我們的自然已被罪傷害，但並非全然衰敗和腐化，以致我們要在絕望中退回信仰。在宗教改革時期，這一獨特的看法狂烈地爆發，並且追溯至奧古斯丁，而非阿奎那。阿奎那認為我們的感官和理性的官能，是上帝創造的，它們能夠工作得很好，就如萬物都是上帝創造的那樣子，但是作為自然的和人類的官能，它們是有限制的和不完美的，而這不完美則由恩典補足，這是人需要感謝上帝的。阿奎那有次說過，如果你從上帝創造的萬物中脫離出來，你是從上帝的能力脫離出來。阿奎那把創世記第一個創造故事，即是上帝所造的都是好的，事實上是非常好的；跟亞里士多德對環繞我們的感官世界的實在賦予正面肯定的意義，結合起來而成一種基督教的實在主義（Christian realism）。他並不認為世界是對真實存有作出一種柏拉圖式的「慕本」或「仿製」。他認為世界有其自己恰當的、相稱的，以及本有的實在，但是這實在雖然是健全的，卻是上帝的無限和圓滿那有限的和限定的版本。這是為甚麼阿奎那認為，基督信仰相信道成肉身——作為一個啟示——是有十分重大意義的：物質和肉身生命並不低下，但卻因為是上帝臨在大地的場域而變得有價值。

這裏可以提出一個當代的例子，給你說明阿奎那如何看事物。想想時下爭議的**智慧設計**（Intelligent Design），這意念是，我們的人類身體的組成——人的眼睛是個好例子——太複雜了，不是隨機選擇可以解釋得到的，我們必須作出結論，就是其演化的起源是由一位智慧的設計師（例如上帝）直接引導的。阿奎那說，上帝透過「第二因」（secondary causes）來行動，即是上帝並不是每樣事情都親身直接動手。上帝創造自然，自然被給予它的法則，而這些法則以某種方式反映上帝的存有和榮耀。上帝給予自然它自己的空間（這包括字面上及意象上的空間），並讓自然進程根據這些法則揭示其自己。我們讓自然科學家仔細告訴我們這些自然法則具體來說是些甚麼，以及由此而可知上帝的榮耀最終怎樣在它們身上要被啟示出來。從上帝的眼來看，無論甚麼都是好的，按照事實來說，科學是好的，但是我們要等候科學參與進來。上帝，像任何好的行政人員，並不細微控制祂所創造的，我們也不需要神學監管生物學或天文學的任何舉動。從阿奎那的觀點來看，今日稱之為智慧設計的東西，會構成一連串奇迹的（超自然的）干預，這干預是需要的，只為了讓自然世界繼續運轉，好像司機恆常地細微地調整方向盤，好保持汽車在正確的線上行駛。當然，阿奎那不否定奇迹。他只是不認為自然進程需要一連串的奇迹來確保恰當的航道。他把奇迹留給超自然事件，即那些聖經所描述的事件，例如童女生子或耶穌的神蹟等事件，這些都不是自然事件，不像天體的運動，或者不像演化的進程——如果阿奎那知道演化。這是為甚麼天主教會從不會並且將來也不會為演化而歇斯底里；她視阿奎那為英雄。當教會曾經作過令人難堪的宣稱：神學要我們接受這思想，即太陽是環繞地球來運轉的；教會跟伽利略一起走過了這一切。

當然，對於傳統的、較為奧古斯丁式的做神學的方法來說，這是會有一點緊張不安的。阿奎那堅實地**同時**相信上帝的恩典**與**（又是我們的用語）自然世界或一般的自然進程。這讓較為奧古斯丁式的諸傳統不免緊張起來，而某些今日的傳統主義者會把無神論追溯至阿奎那。當然，他們並不意指阿奎那是無神論者，他是道明會會士（Dominican friar）和聖人。但是，他們認為多馬主義（Thomism；取自「多瑪斯」·阿奎那）是一道滑波，最終（或最底）是自然主義，而他們較喜歡視自然為有點受傷害而需要幫助，這樣上帝看來就不是那麼的多餘了。

但是，這兩種進路的任何一種，即奧古斯丁式/安瑟倫式的或多馬式的——政治地説，這也代表兩個主要的和互相競爭的宗教的修會（方濟會和道明會）彼此之間的分歧——在神學和哲學之間沒有任何敵對。信仰這份超自然的禮物，在神學中尋求認識它自己；而哲學的理性是自然的工具、自然的禮物，是上帝已經賜給我們以尋求對信仰的認識。神學不再跟哲學作對，好像頭跟腳作對那樣子。如果它們合作，我們能夠最終到達我們所選擇的地方。信仰尋求理解所相信的（*fides quaerens intellectum*），而理解（the understanding），尋求明白那些在相信中所能看見的。這不只是基督教的現象，還有堅實的猶太教神學的傳統——阿奎那常常引用「拉比摩西」邁蒙尼德（"Rabbi Moses" Maimonides）——亦正如還有許多伊斯蘭教的註釋家那樣。在那些日子，伊斯蘭世界是學術和文化的中心，在科學、醫學、法律上具有蓬勃的亞里士多德的傳統，也有哲學家如阿維森納（Avicenna）和阿威羅伊（Averroes）。事實上，十三世紀歐洲學術的復興——這是阿奎那所屬的世紀——其所以可能，在於伊斯蘭的學術通過西班牙湧入歐洲。中世紀有很多文化的和宗教的戰爭，像十字軍，但這些是一個信仰跟另一個信仰的戰爭，並非信仰與理性之間的戰爭。

3

啟蒙理性的高峯及浪漫主義的顛覆

當然，現代人認為理性的事情在「信仰時代」如此順利——甚至認為這樣的想法是為了滿足一種把處境浪漫化的意念——乃在於神學（教會）與哲學之間的權力關係。事情順利，而不是事情的發展方式看來順利，就像婚姻之所以長久，乃在於只要妻子順服丈夫。然而在一切秩序底下，是深層的失序，現代人是這樣想的，並且認為是時候肯定理性的權利，肯定那獨立於教會（信仰）和傳統權威——像亞里士多德——的權力之外，自由和獨立地提問的權利。「理性時代」（Age of Reason）的時候到了，這是一個**雙關語**，意即同時是指理性的歷史時期和進到理性的年代——你已經長大，可以駕車、飲酒，並自己犯錯。時候到了，我們可以拿出望遠鏡（當然，伽利略首先發明望遠鏡），自己更仔細地看我們自己要發生甚麼事情，並且自由地作事，沒有教士（他們不知道要從望遠鏡的哪一端觀看）事先告訴我們要看甚麼。當然，我指的是現代科學的誕生，是哥白尼（Copernicus）、開普勒（Kepler）和伽利略的年代，是「哥白尼革命」（Copernican revolution）的年代，這真是第一個重大的案例：調整神學與較為獨立的理性範圍之間的張力。不幸地，教會所作出的舉動都是錯誤的，在信仰和科學之間展開了戰爭，這戰爭仍然持續至今天；關於在公共學校內教導演化論的爭辯，已經重新燃點起來。當教會審訊伽利略，她忘記了阿奎那那關乎上帝作為自然的創造者與自然進程之間的關係的這一切教導。對伽利略的譴責，首先種下了懷疑的種子，然後在科學家之間出現廣泛並且持續至今天的堅信——就是宗教人士在門口已經抑制其理性的官能，你要在思考與相信之間選擇，但你不能同時選擇兩者。

現在要注意的，是我們已經在這哲學與神學的古老競爭場景中，引介了一位新演員，就是自然科學，這現象將成功地吸引哲學與神學的注意。我們不能再假設「哲學」與「理性」可互相轉換，因為哲學已經讓位給自然神學，並且把自己理性的地盤，與新浮現出來的自然科學一同分享。到了十七世紀晚期，牛頓（Isaac Newton）仍然稱其重要作品為《自然哲學的數學原理》（*Mathematical Principles of Natural Philosophy*；1687），那意義清楚不過了。這種漸進但不可逆轉的進程，早已在特殊的科學中開展了，它們從哲學中突圍而出，最終把我們帶到今日的境況；哲學成了一門特殊學科的名稱，通常是現代學術機構中一個小小的部門。今日甚至對「哲學」一詞有種稍微地時代錯置的感覺。講到哲學，我們會想到古代希臘，當我們得悉今天仍然有這類東西在我們身邊，我們會有點驚訝，就如發現一些我們認為早已絕種的物種，原來只是高度瀕危而已。

在現代性所發生的是，信仰和理性之間的關係被倒轉了，而現在，「無論誰有權力，都會濫用權力」這原則，懲罰在教會身上，而更壞的是，既然教會已經常常得到其應得的指責，那就諉過於上帝。與其說是把神學和宗教的信仰趕出法庭，倒不如說它們被傳召進去，站在理性的裁判法庭面前，為自己並不合適的或不稱身的宗教生活或神學反思，作出回答。結果它們被約化成某些不如自己的東西。宗教與神學被迫要在「終審法庭」面前為自己自辯，坐席的法官有個名稱：「充足理性原理」（"Principle of Sufficient Reason"），意即任何宣稱其存在的東西，都必須為其存有而擁有充足的理由。

讓我們從笛卡兒（René Descartes）開始，這是大多數歷史學家要想為現代性的開始尋找清晰標記的起點。這是好的選擇。事實上，笛卡兒是非常現代的人，他同時是哲學家、數學家，以及理論物理學家，他想要為哲學那失序的家園重新安排秩序，其方法是模仿數學的成功。笛卡兒說，哲學家要像優秀的數學家那樣，在方法上從自明的公理出發，再以嚴謹的演繹推理，進至穩固可持守的結論。要達到這個目的，笛卡兒在他著名的《第一哲學沉思錄》（*Meditations on First Philosophy*）展開他的旅程，把一切都置於懷疑之中，當然，這並非恆久的懷疑亦非出於某種背理或失望，而是方法上的懷疑，正正是要發現甚麼是絕對地確定的——即是那不可能被懷疑的東西，並且把所有的東西都建立在這穩固的基礎之上。這是哲學家稱為「基礎主義」（foundationalism）的起點。

社會學地說，笛卡兒這種哲學家的舉動，跟哥白尼革命的結果是對應的；哥白尼革命的震盪使得歐洲文化十分緊張恐懼。在這樣的危機和轉折過渡之中，每樣事物看來都不確定，而笛卡兒想要解決這些震盪，他把每樣事物安放在一個真正穩固的基礎上面。他的做法是透過那著名的論證：即使我懷疑，這懷疑的我必定思考；如果我思考，因此，我必定存在（*cogito, ergo sum*）。在這基礎上面，他開始重建知識這座宏大的建築。同時，宗教改革的神學家放棄了哲學的平原，視之為世界的愚拙——回到聖保羅對「哲學的愚拙」的看法（林前一章）——而其自己則退到信仰的高地、聖經，以及私人良知的內在空間之中。分離已經開始了，從此，哲學與神學分別地住在分隔的地域。

雖然笛卡兒在其《第一哲學沉思錄》曾經三次證明上帝的存在，並且把這書獻給他的耶穌會老師，甚至他那著名的我思，在某程度上是模仿聖奧古斯丁那曾經說過的語句：「如果我被欺騙，我存在」（*si fallor, sum*）；但教會卻仍感到有責任譴責他的著作。教會已經知道古老權威的做事方法快速地失去其魅力和權力，而且有需要學習尊重在現代性之中個體良知的自由所具有的新意義，不再對每樣新事物和不同的事物作出譴責，並且更全面地和使用有說服力的論證去回應其周遭逐漸演變的世界。但是，你能夠看見當中有甚麼是使得教會不舒服的。笛卡兒涉足於一種**純粹的哲學活動**之中，實行一種純粹哲學的**自主性**（autonomy），講及一種空前未有的自由（freedom），並要求事物在被准許進入實在的界域之前，要展示其證明——這些精神都把教會嚇得半死。後來康德所講的西方心靈的「成熟」(maturation)，就即將臨盆，而其父母卻驚恐不安。

笛卡兒的實驗(Cartesian experiment；英文取名自Des "Cartes")，是「哲學想像」的一個叫人讚歎的部署，以及是一個極為重要的舉動，為要把思想從教會的和神學的權威主義的監護底下釋放出來；這實驗卻在哲學的最後世紀遭受近乎無情的攻擊——在我眼裏這的確如此。我在這裏特別關心的是，要看看在笛卡兒的思想之中，上帝變成甚麼。馬里翁，按理是在世最偉大的笛卡兒學者，也按理是在世最偉大的哲學的神學家——雖然你對此會有議論，那在乎你的哲學及你的神學——他挑出某些在表面上很清白無辜的事情，但那事情的底子裏卻是現代性在思考上帝的方式中，一種深深的背離那至關重要的徵兆。笛卡兒所建立的，在現代人中間已經成了標準的實踐，即認為上帝是「原因自身/自因」("cause of itself", *causa sui*)；而對阿奎那來說，上帝是「沒有原因的第一因」("first cause uncaused")，是其餘每一事物的原因，但祂自己卻沒有原因。如果其餘某些東西是上帝的原因，那麼上帝的原因就較上帝更偉大。那麼，為甚麼不稱上帝是自己的原因？因為這是沒意思的。這樣說的意思是，某種東西給予自己某些自己所沒有的東西——就像自力更生/自求多福，或在你之前還未存在之時，帶自己進入存在。成為自己的原因，就是成為自己先前的自己，在自己成為自己之前首先存在，然後你就來了；當你尚未在那裏之時，你就已經在那裏了。就像你成為你自己的父親或母親那樣子。這樣說沒有意義。這樣的事情對我們是不可能，但對上帝來說肯定是可能的，在祂凡事都可能？阿奎那回答：不要走得太快。說上帝能夠做沒有意義的事情，這是沒有意義的；說上帝是意思和意義和真理的高峯，不能就可以把事情說得過去的。這樣對上帝不是真正的恭維。說沒有甚麼是上帝的原因、上帝是其餘一切事物的原因但祂自己是沒有原因的、上帝在其自己及屬乎自己而存在、作為純粹的和完全的永恆必然性（eternal necessity）、沒有開始和沒有終結，這更有意義。

如果這些看來十分清楚，那麼，笛卡兒身為天主教徒，出入於中世紀哲學，在當中受過良好的教導，為甚麼他會這樣說？馬里翁回答說，理由是笛卡兒想要一個完全理性化的世界——對他來說，那意指在每一方面都遵從理性所設定的公理，在其中理性的原理位置顯要。世界是萬物的領域，要符合理性的要求、要在理性的檢查底下被接受、要展示它們的證件才可以從虛構過境至實在。身為一個數學家和物理學家，笛卡兒說過，舉個例子，對於許多我們所鍾愛的物理對象的氣味和顏色和觸覺，身為嚴格的理性存有，我們應該放棄這些東西，並且承認那惟一「客觀地」（objectively）「真的在那裏」的（這是一種全新的言說），只是質量和速度，而那些叫人愉快的事物，如藍色或甜味，嚴格來說是主觀的或私人的感覺。為甚麼會這樣？因為那量度物理實在的是數學地可以量度的東西，而你惟一可以量度「藍色」的是光波，或量度「高聲」的是聲波的頻率。理性不會以事物的表面價值來接受那在理性之外的事物，然後根據這表面價值而自我調整。相反，我們所講的理性是權威，人藉著理性首先決定外面的是甚麼東西，並且設定要被量度的事物其量度的標準。這就是「理性時代」、「啟蒙時代」的意思。全部都與誰擁有「權威」和權力有關——信仰或理性。

因此，說笛卡兒深深依附理性原理，並不為過；這理性原理是必然的、普遍的和非歷史的，所以要無條件及無例外地持守。注意，這裏霸佔了頭條位置的，不是上帝，而是理性。當中世紀哲學家形容理性為上帝的能力（*capax dei*）、無限者的有限能力時，康德很快就在其《純粹理性批判》（*Critique of Pure Reason*）中，把理性定義為「原理的官能」（faculty of principles）。那些永恆地為必然的和無條件的東西是理性，而如果上帝要分享所有榮耀，那會是因為上帝符合理性所設定的原理和標準。當然，對於笛卡兒和許多早期現代的思想家來說，上帝的確如此。上帝全然通過這些測試，而且是優等生（*maxima cum laude*）。上帝在一切理性的測試中取得滿分。「上帝存在」這述句是真的，因為上帝達到理性為述句所設定的標準，而為真的。笛卡兒是一個完全正統的天主教徒，他沒有興趣推翻古典神學那實質的結論。反而是，笛卡兒對證明、方法，以及以數學自身的穩定性和肯定性作為起點來思考，深感興趣；這就是他的思想具革命性的地方。上帝符合理性所設定的一切標準，**包括因果性原理**

(principle of causality)。上帝是祂自己的原因，因為每一事物都有原因——並且在這一點上，理性不能讓步，理性不能放棄它其中一條原理——包括上帝，祂正是祂自己的原因。中世紀的人說，原因(cause)把某些東西傳遞給效果(effect)，這些東西是效果自己不曾擁有的(像存有或運動)，因此沒有東西可以是自己的原因。但是笛卡兒重構因果性原理：效果有多少實在，原因也有多少實在，那麼在上帝中的實在(效果)有多少，即有無限量的，在上帝中的實在(原因)也有多少；上帝並不在因果性原理之外。原因一定是足以產生效果的，而獨特無限的上帝是那位惟一可以作為上帝的充足原因的。如果你檢視笛卡兒在＜第三沉思＞("Third Meditation")中所使用的主要證明，你就會看見它是聖安瑟倫的存有論的論證的現代變奏，即使安瑟倫論說的精神已完全喪失。在笛卡兒之後不久，萊布尼茲(Gottfried Wilhelm von Liebniz)形構了「充足理由原理」("principle of sufficient reason")，即除非有充足的理由，否則無物存在。法庭在開庭。理性的功能像一位法官，或像一位邊防巡邏隊員，只對通過其測試的事物才發出許可證，准予進入實在，包括——願上帝幫助我們——上帝。

請注意這裏曾經發生的事情。上帝——神學最典型的主要內容——已經成了理性原理治下的對象，這理性是哲學的審判權，而不是反過來，理性在上帝之下，在神學的主要內容之下。上帝必須與所有其他人看齊，公平就是公平。有限的和無限的事物同樣需要通過理性的仔細檢查。事實上，上帝遵守秩序，委屈下來，被切割以符合理性的原理，而神學現在變成一「特殊的學科」(不再是皇后)，受更高層次的哲學原理所管轄；這哲學原理監管一切知識和一切一般的科學。但是，從神學的角度來看，不論你給上帝戴的帽有多高，如果這些稱讚是建基於理性，並以理性所設計及執行的測試，來量度上帝而得出的，那麼你是把上帝降格，即使上帝根據你的標準，在祂的班上奪冠。在神學中，上帝是首先的、末後的，以及永遠的；上帝是那位設定標準的，不是被人以標準所量度的，即使上帝能通過測試。神學家最終擔心的是，哲學家對宗教和神學的聽覺不很靈敏，他們不明白宗教和神學那獨特的論說和生活方式，以致即使他們為上帝提供論證，但他們還是會弄錯了。

中世紀的哲學家和神學家肯定地同意他們所說的「第一原理」(“first principles”)，這些原理是「藉著它們本身」而自明的，但他們既不會形構也不會那麼著迹地編纂這些原理，亦不會把這些原理塞進一個絕對哲學知識的自主體系之中。從中世紀的觀點來看，現代人是倒退的。理性的原理之所以享有如此輝煌的光彩、如此令人信服的自明，是因它們反映著上帝自身存有的輝煌光彩。說上帝「服從」這些原理，是完全不通情理、頭腦乖僻，甚或不敬不恭的舉動，就好像說甚麼父親酷似兒子，而不是倒轉過來。相反，原理作為上帝的存有、必然性與真理的反映，它要順服上帝。正如聖奧古斯丁說過，當人類思考某些東西為真時，那是使用我們不圓滿的方式去思考某些關於上帝的東西；上帝**是**真理。上帝不是「真的」(true)而是真理(Truth)。上帝是本原；原理是其水中的反映。

所有這些對理性的聚焦——有些可能會説迷戀——到了康德，出現了緊要的關頭，他發明了「批判哲學」(critical philosophy)這意念，哲學作為「知識論」，作為知識的批判，它是一種知識警察，來到世界監督和軌約(regulate)理性的多種工作。在康德的批判哲學之中，哲學的威望所達到的高度，是它將不可能再次自詡的，即哲學是科學自身之科學、知識自身之知識，在它面前，神學要畢恭畢敬地交出自己給例行檢查。但是，康德也可能被視為哲學那著名的最後防線。因為康德已經做了一次致命的認可，就是一切真正的新知識都來自科學。康德把哲學置於這樣的高位，作為一種更高的科學以監視科學及量定科學的條件和界限，他是想給予哲學一監督的位置，但他也有效地把哲學從行動的領域中徹離，哲學就像一位不懂下廚的食評家！哲學關心科學那更高層次的知識理論，但是它已經使真實世界聽任於科學。哲學這字眼曾經被我們用來描述我們真實世界的知識，但現在它是我們用來描述知識自身的字眼，而我們把世界留下給科學。康德把哲學從認知世界的遊戲中引領出來，使它成為裁判，判決球是否仍然在界內。哲學已經變成第二序(second order)的反思的科學，而那處理世界的，那發現某些關於實在的東西的科學，就被稱為純粹和基本的「科學」。康德是蘇格拉底那偉大的哲學開端的終結，並且是我們今天已經達至的地步的典型，那地步就是：哲學是一種相對地次要的和難懂的聲音，是一種你可以在大學修讀的課程（「自己完成」），如果這課程跟你所主修的商業或電腦科學的時間表配合的話。

不管怎樣，康德的批判哲學包含了三大「理性」的「批判」，它們制定了理性的範圍，以作為那不可改變的及包圍一切的領域，我們這些理性存在物（rational beings）在其內活出我們的生命。我們的真正本質是成為一個「理性的存在物」，而作為「人」，只是一種動物學的（zoological）範疇，用以描述一種經驗物種：現在地球上會説話的兩足動物。康德畫出了三張偉大的地圖、三個批判的領域，分別關於我們能夠知道甚麼、我們應該做甚麼，以及我們判斷和尊敬甚麼（如藝術的和自然的美）。他所講的批判是某些製圖學的（cartographical）東西（笛卡兒式的！），標明確定知識、倫理和藝術的不同領域，置定它們的界限，並確保它們每一位都在界限之內遊玩。這類畫出嚴格界限的舉動，結果是把純粹的和價值中立的知識孤立出來；它把純粹的倫理命令和律令孤立出來，這倫理命令和律令除了純粹的理性的一律令的（rational-imperative）形式外，沒有任何內容；以及它把純粹的藝術孤立出來，完全沒有認知的或倫理的內容。從康德到下一代，我們可以講，只是一步之遙，這下一代就是為知識的緣故而辯護知識，為責任的緣故而辯護責任，為藝術的緣故而辯護藝術，這三個領域就像由三個孤島組成的羣島。「第一批判」告訴我們那是甚麼（what is）、「第二批判」告訴我們那應該成為甚麼（what ought to be）、「第三批判」告訴我們如果前兩者連貫一致，它帶來怎樣的喜悦。

但是到此為止，還沒有涉及上帝和宗教。這是因為，對康德來説，上帝和宗教並不擁有自己的孤島、自己的領域或空間或遊樂場；上帝和宗教需要在某些人的產業之上建立其自己的禮拜堂。上帝不屬於知識的範圍，因為知識的領域是由物理的科學所控制，而上帝的概念作為一超感官的原因，單單因為這樣就不可以在自然科學之中留下名字；上帝永不可能找到立足點。安瑟倫所使用的，並由笛卡兒所復興的這論證，其對範疇／概念（concepts）的使用是無效的，範疇／概念失去其力度（traction），因為它們被抽離經驗的世界；只有在經驗的世界裏，這些範疇／概念才可以合法地使用。因此，康德跟阿奎那相似，而不是跟笛卡兒相似，他拒絕安瑟倫的論證。但是，即使他接受安瑟倫的論證，安瑟倫的論説所在的神學生命，已經消失，而要點已經失掉。這樣的一個純粹哲學的存有，即使符合康德的證明的標準，它也跟聖安瑟倫所提出的東西，毫無關係。

那麼，對於康德來説，上帝是否只是一個空想？事實上並非如此。從最好的一面來説，康德的上帝、啟蒙時代的神學或是「自然神學」的上帝，也是美國建國者的上帝——獨立宣言[4]所講的「自然的上帝」（Nature's God）——就是作為人類智力的一種共有的和差不多自明的數據的上帝，是從任何特殊主義、任何教條的或認信的神學（這在萊辛〔Gotthold Lessing〕著名的劇作《智者內森》

〔*Nathan the Wise*〕可以見到）所釋放出來的。這位上帝，這種神學，是任何一位長有腦袋的人都可以明白的；基本上，這位上帝是在自然秩序之中被啟示出來的上帝，並且是一位支撐道德秩序的上帝。康德根據這種想法，為上帝提供兩項條款。首先，對於康德來說，上帝這概念扮演著一種「軌約」的角色，而這是屬於「第三批判」的，「第三批判」所講的是愉悅的和令人寬慰的判斷；因為對所有人來說，整個世界看來是被一智慧的秩序所掌管，這暗示著有一位智慧的管理者。這不是科學的知識，因為這是一個非經驗的假設（nonempirical hypothesis），但它是一個有啟發性的設計，是一種富有成果的「看似」（"as if"）。康德的意思是，這概念可以刺激研究和推進科學的事業，如果每次科學遇到需要解釋的現象，它就要問自己：「如果這現象是由一智慧的管治者置定，那麼這位管治者心裏想些甚麼？以及為甚麼這位管治者會置定這樣的現象？」康德在「第二批判」之中為上帝找到第二個角色：上帝不單是自然的上帝，也是道德的上帝，上帝的概念依附於責任的概念。我們全都被一種無條件的命令所吩咐，好去實踐我們的責任。無論我們喜歡或不喜歡，並且無論這會使我們幸福或不幸福，道德責任的「你應該」這無條件的、不可妥協的、不可讓步的耳環就戴在我們的耳上。宗教人是一位懂得律令就是上帝的命令的人，這位上帝在那裏看管這律令，並且最後會把責任和幸福配合起來，原本這兩者是各自走在自己所屬的道路上，但最終卻在同一終點遇上。那麼宗教是甚麼？宗教就是倫理；你實踐你的責任，你要把責任或良知的聲音，視為上帝的聲音。

因此，康德的上帝、啟蒙時代的上帝，所對應的是那持久的直覺性連繫：上帝與自然的和道德的秩序連繫，上帝並且在這連繫中、在「理性的神學」（“rational theology”）中，進而與某種類型的自然的或理性的信仰連繫起來。那麼，宗教的其餘部分——聖禮、教義、禮儀、聖詩和蠟燭、奇迹，以及神聖的故事，又如何？它們都是迷信。整個宗教必須被理性監管，必定被單單限制於理性的界限之內，理性決定宗教的理性內容為倫理。倫理是宗教的客觀部分，其餘的是主觀的喃喃聲音，像「藍色」或「甜味」，很多都是無害的，但不少是危險的，因為到底宗教不純粹是理性的，人們是從頭腦裏面開始瘋狂起來的。他們聽到並起而行動的聲音，不是普遍的律令，而是沒有人聽到、只有他們聽到的命令。他們廢棄生活的理性行為，取而代之的是以魔法的符咒來應付實在，看見沒有人看見的精靈，並且最終與其他持守不同教條式信仰和有著不同引導精靈的人，發生分裂的、破壞的，以及暴力的衝突。然而，如果他們守住他們純粹理性的內容，那就是倫理，那麼不同的宗教就能達成共識。這就是萊辛的劇作的要點。

啟蒙時代的理性神學把上帝跟某些人的基本直覺連結起來，結果是把上帝置於一脆弱的位置，終有一天人們會砍掉上帝，這只是時間的問題，而這砍掉所根據的是，自然的科學和人類的倫理——即理性——真的能夠讓人不需附加的假設，也活得很好，多謝自然的科學和人類的倫理，而這些附加的假設愈來愈像那不必要的添加物。這正是十九世紀發生的情況，無神論首次那麼順利。十九世紀產生了一連串的震盪，到今日，宗教和神學仍然在處理這些震盪。演化論科學所傳遞的震盪，提醒我們自己的生物學的根源，以及由三種對宗教所作的重大的無神論攻擊，所掀起的三重打擊：宗教是對貧窮的虛假解毒劑（馬克斯〔Karl Marx〕）；宗教是心理的假象（佛洛伊德〔Sigmund Freud〕）；宗教是我們憤怒對抗強者權力的表達（尼采）。

十九世紀末，神學與宗教信仰忙個不停，至少在知識分子中間是如此。上帝與宗教全然被理性的自主所擊敗。哲學自己一直作出回應（reacting），而不是行動（acting），它不斷地讓出更多地盤給自然科學，以及找尋某些屬於它自己的東西。結果證明，教會對笛卡兒的不安，並不是沒有理由的。[5]

十九世紀的神學家，面對著這些發展，他們沒有很多選擇，只有撤退和節約。讓出知識的地盤給自然科學，神學家這樣的舉動並非不像帕斯卡（Pascal）對抗笛卡兒而作的（「心所具有的理由，是理性不知道的」〔“the heart has reasons that reason does not know”〕[6]）：他們把宗教安置在「感觸」（feeling）這個領域的新居所之中。神學家在浪漫主義（Romanticism）之中振作起來，浪漫主義是一個對抗啟蒙時代的運動，它強調想像的創造力，勝過並且反抗理性那種以其界限和規矩限制一切的能力。那時代最偉大的神學家，是士來馬赫（Friedrich

Schleiermacher），他是自由神學之父，他把宗教追溯至「絕對倚賴的感觸」（“feeling of absolute dependence”），感觸在這裏被給予通往上帝的新證件和通道，其作用就好像是一張門票或通行證，可以前往永恆和無限——因而可以克服枯燥的理性主義和自然神論（deism；譯按：或譯「理神論」），神學在啟蒙時代備受這兩者的威嚇。在浪漫主義的世界，這些反現代的人也對「基督教（讀作天主教的）的中世紀」另眼相看，對他們來說，這中世紀好像突然變成叫人入迷的森林——騎士的時代，滿是騎士和信仰和美麗的公主——在此之前，啟蒙時代一直把這個時代解魅。

在十九世紀的終結時候，宗教一直疲於奔命，它看來好像屬於一個已經逝去的年代。新科技的迸發、資本主義的冒起、傳播媒介和交通工具的簇新湧現，以及科學的自然主義的力量，都在加速上升。哲學家尼采這樣總結：上帝已死。這是十九世紀要說的話。

4

啟蒙理性的限制

在前往葬禮的路途中，發生了一件有趣的事情。車輪從啟蒙時代脫落了。十九世紀的實證主義者（positivists）和自然主義者（naturalists）不曾想過這樣的事情：結果是啟蒙時代已經把它想要做的都做好了，而我們有必要把事情以另一個框架來作出不一樣的表達。這就是我現在轉向要講述的發展。但在我講述之前，讓我首先公開表明自己的觀點，就是：啟蒙或現代性是必要的階段，是必要的進程修正，以讓信仰的和理性的那些相互爭競的宣稱，達至滿意的復和。宗教人士堅持，信仰是他們擁有的最寶貴的東西，而他們也應該如此；但是全都在於你對在你自己之內的信仰所作的了解，在於通透地及清晰地思考信仰，而這樣的了解及思考是透過跟上帝所賜給我們的其他人和每一事物對話，來進行的。這是為甚麼當神學在缺乏哲學下進行時，它會讓自己冒上極大的危險。

啟蒙時代的宗教觀和啟示觀，最大的強項是兩點強調：（1）在人類事務的行為上，我們著眼的應該是我們所共有的，而不是強調那引起分裂的「啟示」，這些啟示只有某些人得到卻又是其他人沒有的。基督教右翼祈禱：

我們回到美國國父們的宗教異像；然而，這些人要當心他們所祈求的是甚麼，惟恐他們的祈禱蒙應允。美國國父是啟蒙時代的人，他們應該會對基督教右翼的強硬的派性議程（sectarian agenda）感到震驚，也對這些人恣意驕橫壓制不同的意見——而這是國父所要保護免受壓迫的——感到震驚。（2）上帝不曾賜下精確的啟示和惟一的啟示。上帝已經把頭腦安放在我們的肩膊上並且把眼睛安放在頭上，信徒的工作是成為思考的相信者或相信的思考者（不同的強調在於你跟誰對話，或者有時只是在乎甚麼日子）。上帝已經賜給我們最寬闊意義的啟示，不只是啟示錄，而是世界上可見的東西，這些東西告訴我們上帝那不可見的東西（羅一20）。這是為甚麼哲學與神學需要學習一起生活。我們打造這個上帝所造的世界——對這世界，伊羅欣（Elohim）宣告了五次「好」，並且在第六次總結説「**非常**好」——或是靠賴上帝所賜給我們的官能去認識世界，我們也不能與上帝有任何進展。完全的啟示——最豐裕和最充足意義的啟示——包括了藉著信仰**與**理性，通過神學**與**哲學、神聖的知識**與**世界的科學，而得到的每樣東西。在最廣闊和最充足的意義下的（不是大寫的）「啟蒙」（enlightenment），有許多光，在眾多引導我們的光之中，有理性之光和信仰之光。上帝一起賜福給這兩者。上帝賜福給「與」並保守這「與」。

所以，當我轉向對現代性採取批判的態度時，我不想把自己置於一種對現代性採取簡單反對的立場上；我想，這是浪漫主義（Romanticism）所發生的情況。我不會反對現代性，像我不會反對空調或高清電視機一樣。我不會反對現代性，像我不會反對言論自由和免於宗教權威主義的自由。我不會反對現代性，像我不會反對每個人的權利，無論他是有多卑微，是白人或黑人、男或女、西方人或非西方人；像我不會反對圓滿的、自由的和幸福的生活，這是藉著啟蒙時代的理想的力量，最終浮現出來的政治理想。再者，就我而言，我很高興讓理性自我淘汰，不再嘗試盡量按照理性自己訂下的條件來思考事物。現代性對我們來說，跟成熟同樣重要。那是我們自己成熟的階段，而這方面康德是對的。如果我們只是簡單地反對現代性，我們將會有後悔的一天。

但是，有一種東西叫**傲慢**（hubris）、極度驕傲，叫我們對自己的認識不足，不曉得自己的限制，就好像大多數的少年人，他們認為自己認識每一事物，直至他們自己成為父母，並為著他們的父母所真正知道的，和他們仍然需要父母的幫助和經驗，而重新尊重他們的父母。因此，雖然我對現代的批判和懷疑精神印象深刻，但我也堅持我們應該毫不猶疑的對這些批判也持批判態度，對這些懷疑也持懷疑態度，並且提倡一更為合理的和不是大寫的理性意念。讓我講清楚：我對廢除現代性不感興趣，但對以**其他方式**延續現代性卻感興趣，而這也是我對現在被稱為「後現代性」（postmodernity）的解釋，我將很快討論這課題，因為是好是壞，後現代性是我們今日從事哲學和神學、科學和藝術、政治和宗教、一切有關的東西的處境。

在二十世紀，對「純粹理性」和純粹的啟蒙時代的熱心，已被調和過，而啟蒙時代所稱呼的「理性」亦受到許多方面的火煉。啟蒙時代的錯誤，單在政治上已經可以看見。正如我在上文所說到的，從政治上講，從啟蒙時代浮現出來的終極政治理想，是徹底的平等主義，尊重每一人類個體，尊重持不同意見的人。然而，啟蒙時代及其對理性的看法，從實現那理想的角度來說，常常是它自己最壞的敵人。往往，啟蒙時代所生出的是帝國主義，而非平等主義。這是因為啟蒙時代對「理性」這概念的意義想像得太狹窄，並且這概念的起源想像得太沙文主義式的（chauvinistic），它長時間把理性的冠冕放在歐洲白種的男人頭上，沙文主義眼睛朝天地說：沙文主義的責任，是讓歐洲、白種男人遍滿全地。在這一點上，最著名的是「發現」「新大陸」（我把這些字眼安放在括號內，以承認那些已經活在那裏的人民），然後後來以歐洲文明的名義，進行種族滅絕，從南到北殺害美洲的原住民。直到如今，西方世界的原住民，以及所有種族的女性，每一地區的非西方人民，都忍受並且已經忍受了極大的苦難，以把啟蒙時代所提出的平等力量，全然地及毫無保留地鑲嵌在他們當中。從政治上講，那曾經一度以「啟蒙時代」的旗幟把他們自己招聚在一起的潛在能量，清楚地需要一新的格局（以及少些揮舞旗幟）。

但是，離開政治，作為一個純粹的哲學概念，「理性」的核心概念會被證明是騙人的、是誇大之詞、是一個錯誤，並且理性會在二十世紀受到不同戰線的攻擊。然而，攻擊早在十九世紀已經開始，不單在浪漫主義者中間毫無保留地對啟蒙時代拒斥，而且也在黑格爾（Georg Friedrich Wilhelm Hegel）自己的思想中出現。黑格爾是德國的一位頂尖的哲學家，他在德國哲學之中是康德的友伴，一如在希臘哲學之中亞里士多德是柏拉圖的友伴。黑格爾是第一位歷史哲學家，他把歷史置於哲學的地圖之上。黑格爾堅持反對啟蒙時代如下的看法：理念（ideas）與「理性」的理想在時間和歷史中具有一種系數（coefficient），在時間和歷史之中，這些東西具體地成為具體人民的血和肉、汗水和眼淚。所以，黑格爾在知性（*Verstand*；抽象的知性）和理性（*Vernunft*；較為具體包含著富有活力的**歷史的**理性）之間作出分別。抽象的知性是片面的、純粹形式的和非歷史的；他看得多麼準確。笛卡兒在狹窄的非歷史的和純粹的數學的理性概念底下努力；康德把理性縮減而成形式的一致性和普遍性；而英國的洛克（John Locke）和休謨（David Hume）把理性限制在其粗糙的經驗應用之上。黑格爾反對這一切，他要表明理性在時間之中揭示及發展，經過幾種形式（*Gestaltungen*），並以不同的方式，在不同的時間和地方實現其自己。對於康德那純粹抽象的「道德性」（morality）——即實踐自己的形式的普遍性，而所實踐的只能是一些可以被普遍化成為每一個人的規矩——黑格爾說，這形式的普遍性必須化成他稱為倫理生活（*Sittlichkeit*）的具體普遍性，即是在文化的與社羣的生活之中那真實的規矩、豐富的習俗和具體的實踐，它們才是理性的道德所真實具體化的地方。

黑格爾代表對啟蒙時代那重要的及不可逆轉的推

進。但是，黑格爾沒有想過要放棄啟蒙時代的一個理想，那就是理性形成一個「系統」、一個整全，這系統、整全尋求一終極目標或目的（*telos*），可以掌管系統之中一切特殊的元素。從現在被稱為後現代的角度來看，這種對系統的迷戀是致命的錯誤。對於黑格爾來說，在時間和歷史之中所揭露出來的，是深層的合理性或理性原理，他稱之為「絕對」（absolute），這絕對無遠弗屆地工作，並且透過歷史表面看來曲折的方式而達至其諸多的目標。上帝以曲線來畫下直線。這樣子的思想變成困難的一部分，而非答案的一部分，因為它只對永恆同一的「總體的」（totalizing）、包天蓋地的「理性」服務，現在這理性以歷史理性的形式出現，但它是被啟蒙時代首先提出。所以，舉個例子來說，黑格爾式哲學忠於這看法：這看法表示大屠殺（Holocaust）全是歷史的理性那隱藏的手所施行的計劃的一部分。由此我們可見，黑格爾代表的只是曲折地從啟蒙時代釋放出來的部分進步。

黑格爾錯誤的地方可以從他對宗教和神學所講述的說話而得見，這不單是因為這是我們這本書所特別關心的，也因為宗教對黑格爾的反動跟後現代的出現很有關係。黑格爾說過，基督教是絕對的宗教和絕對的真理；對神學家來說，這看來是很好的起點。這是好消息。壞消息卻是黑格爾心中的意思。神學家要恰當地謹慎留心哲學家天生的恩賜！他是說，基督教就其圖像形式（pictorial form）來說是絕對真理。基督教講的東西是真的，但其用以表達的詞語卻不怎麼真，所以不全然是真的，不能如其所是地真。他用來形容宗教的真理的字眼是 *Vorstellung*，意思是表像（representation）或描繪（depiction），或甚至圖畫（picture），它跟 *Darstellung* 一字有關，這字的意思是「展現」（exhibition）或呈現（presentation），譬如說繪畫的展現、呈現。因此，黑格爾說基督教是一幅很美的圖畫，那真理以「圖像的」方式呈現。那麼，反過來的是甚麼？反過來的就是，哲學的概念具有不加遮掩的真理，這哲學概念把講故事的人所想要說的，都變得清晰起來。

以聖誕節的故事為例，我們發現在馬太和路加的記載之中的這故事：童貞女生下耶穌，因為客店沒有房間，躺在馬槽裏，天使的歌唱把牧羊人引領到那地方去，還有來自東方的智者，等等。這些構成了一有力而動人的故事，以及最美麗的問候卡——聖誕節是對賀曼卡（Hallmark cards）的祈禱的回答。我們要嚴肅對待這故事，但不能以字面來了解。因為它言說的方式是敘事的想像，它所說的是：上帝已經內在於世界，而世界是上帝在空間和時間之中對其自己生命的揭露。在宗教的第一階段——黑格爾稱之為聖父的宗教——上帝被視為超越的（transcendent）和全然的他者、遙遠的能力、純粹的命令，跟東方的絕對君主並無兩樣；黑格爾所舉的例子是猶太教。在第二階段，那是聖子的宗教，藉著成為一特殊的人：耶穌，上帝成為人，祂的經驗的特殊性要破碎（被釘死在十字架上），像一粒種子必須要破碎，然後才可以發芽生長。只有這樣，我們才能進到最後階段：聖靈的宗教；在當中，上帝在我們中間的生命可以傳給所有人，而我們全都明白到，歷史是上帝在時間之中對其生命的揭露。換句話說，基督教神學只是對一種形而上的境況以隱喻的方式來言說，事情就是這樣。自然世界以客觀的方式，在那些構成自然世界的物質客體（material objects）之中，表現出神聖的生命，而人類文化是神聖生命在文化的和歷史的生命中的表現——黑格爾曾經說過，這是上帝在時間之中的自傳。哲學是文化的或精神的（spiritual）生命的最高形式；在文化的或精神的生命中，絕對者在自我認識之中回歸其自己。黑格爾所說的，是從於十九世紀聖經研究中剛剛冒起的「歷史鑑別學」的研究成果中，獲得力量的；這聖經研究的方法嘗試發掘「歷史的耶穌」（historical Jesus），以確切地弄清楚在新約聖經之中，甚麼是歷史地可驗證的，甚麼是「神學家」後來加上去的玄思猜想；這些神學家不單指後來像奧古斯丁等人，也指在寫作新約聖經書卷時的原型神學家（proto-theologians）。這在布特曼（Rudolph Bultmann）對「解—神話化」（de-mythologize）新約聖經的呼籲中，成了著名的想法：「在耶穌的宣講之中，正如在整本新約聖經之中，其所預設的整個世界觀，是神話的，即是，對世界的看法是三重結構：天堂（heaven）、大地（earth）和地獄（hell）；認為超自然力量會干預事件的進程；以及奇迹的概念⋯⋯」[7] 基本上，這正是黑格爾已經著手做的。到了今天，「神學家」和聖經的「歷史學家」都相處得不怎麼好。歷史學家認為神學家扭曲了聖經的說話，好符合自己教義的目的；而神學家則認為歷史學家並不相信任何事情。

黑格爾也是某一種哲學的神學的先輩，這種神學後來被稱為「萬有在神論」（panentheism），這在美國的一個神學運動也叫「進程神學」（process theology），是由美國哲學家懷德海（Alfred North Whitehead）所促進的。萬有在神論不是簡單的泛神論（pantheism），泛神論認為每樣事物直接地就是神聖的；而萬有在神論卻是主張，萬物都是**在**（in）上帝之中，而上帝是在萬物之中，並主張每樣事物總是以某種方式表現或例示神聖的原理，而離開了世界，上帝自己就沒有獨立分開的存在或超越的實在。

每次祁克果從支持黑格爾的學者聽到這些講法，他都在痛苦中怒吼和發出喊叫，他從他那受傷的心底寫下大量叫人動容的作品，這是其中一個對西方宗教文獻和西方文學時期的極大貢獻。對於基督教要被黑格爾式形而上學越過的這個意念，即是，信仰處在朦朧狀態，要被越過，以進入德國形而上學所提供的概念式思維的清晰之中；祁克果以其最佳的配備來回應——諷刺和嘲笑。如果哲學是文化的或精神的生命的最高形式，而德國哲學是哲學的最高形式，並且黑格爾是頂峯的哲學家，祁克果若有所思地說：那麼這必定意味著，當上帝下降到自然世界並在文化的—精神的生命中清理祂的頭腦，那麼祂醒來就是一位德國哲學家（猜估是誰！）

祁克果在他的諷刺之中，哲學地進行了銳利透切的批判，這重塑了他以後的歐洲哲學的歷史。祁克果是一個宗教的攻擊或反擊的示範個案，這攻擊或反擊的對象是哲學，但其結果並不是哲學的終結，而是新的哲學受到攻擊。祁克果簡要地說明，基督教是十字架，是基督和基督的被釘死，並且在祁克果的丹麥本土沒有任何黑格爾式的哲學家，而且他可以在全歐洲打賭：有誰能夠告訴他，哪一處可以趕上信仰，更不用說可以超越信仰了。亞伯拉罕花了一生去學習信仰之道，而亞伯拉罕是信心之父，一個人可以花其一生嘗試成為一個基督徒，但卻從來沒有走得這麼遠。但是，黑格爾式的哲學家是多麼的令人驚歎。願所有讚美都歸於黑格爾式哲學家，他們不單趕上了亞伯拉罕和基督教，而且也能夠超越他們，並且在相對地還是年青的時期，已經在大學獲得了收入甚好而足以叫人欣慰的職位。對巴特來說，祁克果是其重要的十九世紀的背境人物；巴特是二十世紀基督教神學的頂尖天才之一，是「新正統」(neo-orthodoxy)之父，他也大力堅持新約聖經給「世界」的冒犯和矛盾。祁克果與尼采一道 —— 尼采也曾拿德國形而上學來開玩笑，稱之為那些面色蒼白的殯葬禮儀師、那些概念的死亡化妝師、那些粉筆灰塵的戲水者〔編按：意指流於空談、沒有深度〕，這些人都處身於持續不清晰又滿佈蒸氣這種特性的實在之中，這是尼采的講法 —— 祁克果為二十世紀對「總體性」(totalization)、總體化理性(totalizing reason)的批判，設置了舞台，無論這理性是純粹的或是歷史的，最終，這讓「後現代」一詞通行起來。

5

後現代轉向

後現代的出現，同時有神學的（祁克果）和反神學的（尼采）動機在背後。但是，無論你怎樣分割，如果現代性的主流是朝向世俗化，那麼，那被稱為**後現代**（postmodern）的東西，就無可避免地將會為**後世俗**（postsecular）的東西打開大門，「後世俗」這字眼近來跟「後現代」一字並駕齊驅，頗為通行。如果現代及世俗是無遠弗屆而又伸展過度，那麼在後現代的情境之中，神學有甚麼可能性？後現代神學是甚麼？在後現代的情境中，甚麼是神學呢？今日的神學豈不是在後現代的社會背境之中（是好是壞也好）運作？正如神學在十三世紀，是在亞里士多德的復興橫掃西歐的情境中發展那樣子，又或好像奧古斯丁的神學是鑲嵌在他所生活的晚期古代的世界那樣子。神學從來不是在真空之中被建立起來的，哲學也不是，這是那些堅持神學與周遭文化具有「關聯性」（correlation）的諸神學家的特長。神學是在具體的時間、文化和語言之中生長出來的，並且，是好是壞也好，它們都受時下的哲學和文化所影響。神學家藉著那被賜予的言語來言說啟示，而這些言語是他們生活在其中的世界所給予他們的。

為了簡化的緣故，並且我承認我是端極的簡化，我將指出三個塑造後現代情境的背境概念。海德格在《存有與時間》（*Being and Time*；1927）中論證——這裏可以明顯察覺到祁克果的推動力——如他所說，一旦我們成其所是，我們就發現我們早已在那裏（as soon as we come to be we find that we are already there）。這看來是恆真句（tautology），事實上它卻說了很多東西。它的意思是，我們從來都不能夠自我退後而看見自己成為自己，或者我們從來都不能走出自己而從上而下地觀看自己。我們「總是已經」（"always already"）是我們現在之所是，而不是嘗試那不可能的舉動，即按照笛卡兒的方式以無任何前設來開始，我們應該明白，我們是住在我們所繼承的前設其所塑造的真理之中。這些前設沒有捆綁我們或弄瞎我們，而是為我們提供視角、一個進入的角度，使我們首先明白，這些前設可以塑造世界其向此時此地的我們顯現它自己的方式。角度沒有歪曲和扭曲我們，它們給我們通路。沒有他們，我們會迷失，像那些來跟教授見面，討論他們研究文章的題目的學生，他們面上充滿迷惑不解，因為他們讀了材料（我很大方），但卻缺乏一種必要的東西：一個角度。讓我們稱這為**解釋學的轉向**（hermeneutical turn）。

第二，思考如下簡單的事實：當笛卡兒已經寫下《第一哲學沉思錄》，他是早已在寫作中（writing）。再一次，這裏是強而有力的恆真句。即是，當笛卡兒在懷疑一切事物，當他嘗試清理他意識之中的名單並從零開始時，有一個前設逃離了他的注意，這前設就是：整個懷疑的工作是倚靠語言來進行的。他從他的耶穌會會士老師借用了「沉思」（mediations）這個詞語，藉此嘗試提出一種靈魂自己跟自己的內在獨語（soliloquy）：獨自的、無世界的，赤裸的並且——這是妙語——靈魂跟自己進行前語言的接觸（pre-linguistic contact）。但當然，他說的每樣東西，而我意指的是他**說過**的每樣東西、每句決定性的話（word），都是深深鑲嵌在他所使用的詞語之中的，而這些詞語是他在耶穌會會士那裏承繼過來的，並且從他們之前的經院哲學家那裏承繼過來的，還有他的母親和父親，以及他在學校讀過的書本，諸如此類。所以，當海德格在《存有與時間》中批評笛卡兒時，他發現他必須倒轉過來，以免好像笛卡兒那樣(或者像任何其他持相同看法的人)，因為笛卡兒式的用字如「意識」（consciousness）、「客觀性」（objectivity）、「懷疑」（doubt）、「我」（I）等，全都充滿意義。它們裝配著根深蒂固的老一套東西，如果你使用它們，它們會帶領你走到事先設定的路上，好像在急流中的獨木舟。詞彙像鑰匙，只適合某些鎖，像工具只能做某些工作，並且詞彙有其自身的飄流。它們是公共的或文化的東西，深深沉浸在公共的前設及先見（prejudices）及預先建立的趨勢之中，就像現代產物深深沉浸於除草劑和殺蟲劑之中。正如維根斯坦（Ludwig Wittgenstein；英美的哲學家，跟歐洲大陸的海德格一樣重要）說過，沒有私人語言這東西。不論笛卡兒從哪裏開始其《第一哲學沉思錄》，它都會是在公共語言之中開始的。沒有純粹的、私人的、前語言的領域——並且，再一次，想要尋找這樣的語言，這是對語言全然誤解了。我們在這裏要進行的思考，這不是藉著擺脱語言，達到某些跟前語言的東西進行神話的、赤裸的接觸連繫；而是藉著趕上新的、更複雜的和微妙細緻的詞彙來思考，這有點像年青父母，為剛學會走路的孩子能夠使用的詞語有多複雜而自誇，以強烈證明他們的孩子是天才。或者，回到我先前的類比：那些為他們的研究文章尋求幫助的學生，其缺乏的是「要説的話」。讓我們稱這為**語言的轉向**（linguistic turn）。

決定性的轉向的發生，是由於科學歷史學家庫恩（Thomas Kuhn）於一九六二年出版了《科學革命的結構》（*The Structure of Scientific Revolutions*），這本書指出某些吸引人但又使人不安的看法。跟科學的實證主義（scientific postivism）的神話不同，科學家並非冷血的觀察者，像自動資料搜集系統那樣記錄著資料；他們是有血有肉的人，是有預感、直覺和強烈感觸的。他們並非被動地記錄，而是主動地投射推測。再者，在科學之中，當某些新的東西真的發生時，不是因為我們在舊有的清單上加上一項新資料，而是因為這整體要重新配置編排。庫恩這樣説，是出於他對哥白尼革命的歷史的研究，這革命是他要説的東西的完美例子。哥白尼革命並不增加新的資料，而是重組那相同的資料，這資料同樣是在托勒密的講述（Ptolemaic account）之中可以找到的，但哥白尼使這些資料更簡單地、更漂亮地及更恰當地組織起來。你可以假設地球是靜止的，而所有天體是環繞著我們來運轉的，但是數學的表達就會左扭右轉而變得複雜起來。哥白尼自己是一位修士，並且他——在教會的壓力底下——不相信自己的理論。他只是以簡要的方式為航海人士提出這個理論：簡要地預測星體運動的方法，像數學老師教導學生，簡要的證明都可得到跟長長的證明相同的結果。庫恩提議，科學家在概莫能外的框架下從事研究，他稱那框架為「代模」(paradigm；譯按：或譯「典範」、「範型」)，這些代模把他們所做的眾多獨特的實驗組織起來。一旦他們遇上非常大的反常現象而是難以應付的，他們不能在舊有的代模底下對之作出解釋，而發現較為簡單的方法，就是徹底地再思他們過去常用的代模，並轉向另一代模。就好像其他發明一樣，新代模在被接納之前備受攻擊；年青的畢業生和助理教授熱愛新代模，而資深的、獲終身教職的教授則討厭新代模，只有待後者退休了，過身了，或甚至被大聲駁倒而要追上潮流後，這些新代模才會取代舊代模。但是革命的起初，所有「證據」都在守舊派那邊，至於前衛派則多憑洞見或直覺來進行研究。因此，在庫恩的「科學的革命」之中，事情的發生跟藝術的或政治的革命十分相似，跟鼓吹科學的客觀性的人士所想的很不同。讓我們稱這為**革命的轉向**(revolutionary turn)。

隨著庫恩的研究發現，整個情況開始發生變化，現在不單是宗教被控訴為神話化，並且科學的客觀性的倡導者亦然。十九世紀實證主義者如果聽聞這些東西，他們會暈倒死去。當然，庫恩並非反對科學的客觀性，他只是重新描述這一現象。他說過「客觀性」並非甚麼永恆的知識，它只是你在「正常的」(normal)科學中可找到的那類東西，即是，在一確定的代模底下所進行的科學，正如大多數科學都是那樣子進行的。但是在科學危機的時候——這些危機很罕見也應該很罕見——情況是任人魚肉，這情況是啟蒙時代不曾膽敢想過的。庫恩也不是反對「理性」，他只是以更為合理的概念來重新描述理性，這更合理的理由是以「更佳的理由/理性」(good reasons)來思考事情；但這樣做不是假裝你的口袋裏裝有永恆，或者在你的袖子裏擁有可以最終解決、擺平所有爭論的一種計算方法。

這一切的發生，讓啟蒙時代想向我們兜售的東西，大都落荒而逃，對我們來說是樂得擺脱。我們樂得擺脱純粹無世界和唯我論式的主體這概念、純粹無前設的科學這概念、純粹前語言的世界、純粹客體、純粹意識，以及純粹理性。請給我一些上好老派的不純粹的思想！世界較現代人所想的更為複雜、更為凌亂、更沒有程序、更少規矩管治、更為無確定目標的和更為無確定質地。世界更多像喬伊斯(James Joyce)所講的「混沌世界」(chaosmos)，[8] 他的意思並非簡單的失序、簡單的街頭無政府狀態，而是一個混亂/宇宙(chaos / cosmos)，一個秩序(宇宙)因為某一定量的失序而保持鬆散，這失序是秩序之中的發酵劑，讓其可以重新整頓和重新組織起來，向前邁進、轉移，產生新的代模、語言、角度。解釋學的轉向、語言的轉向，以及革命的轉向(庫恩對科學所作的分析)，組成了我們將要稱之為的**後現代轉向**（postmodern turn）；那三種轉向表明了一集體的概念，就是人類的思考開啟了在眾多變換的視角、詞彙，以及代模之間轉動的能力，沒有任何視角、詞彙和代模是由天上掉下來的。眾多窗戶開始在世界之中打開，讓「純粹理性」之外的不同光線可以透進來：信仰之光、恩典之生命、藝術之遊玩，以及啟蒙時代所認為不可能的事物的可能性。宗教和神學的新可能性要進場了。

利奧塔（Jean-François Lyotard）使**後現代**一詞得到其重要地位，那是一九七七年，那時時機正好成熟，當時他在《後現代的情境》（*The Postmodern Condition*）一書中把後現代定義為「對宏大敘事的存疑」（“incredulity to meta-narratives”）。我說使後現代一詞得到其重要地位，因為這詞語在建築理論中早已流通，那是指建築的折衷主義（eclecticism），即藉著歷史引用（historical citations）的方法把現代主義的建築其剛硬線條柔化，像把由玻璃及鋼鐵建成的現代建築物，誘發出哥德式主教堂（Gothic cathedral）的線條。利奧塔所用的、被翻成「宏大敘事」的法文片語，原為「大故事」（*grands récits*, big stories），即是宏大誇張的講述、「總體包羅萬有的故事」（“totalizing stories”；他想的是黑格爾）；它們宣稱如下的看法，像「歷史甚麼都不是，只是絕對精神的揭露」，或「甚麼都不是，只是辯證式唯物主義定律的揭露」，或甚麼都不是，只是你對母親的欲望的置換；或甚麼都不是，只是弱者對強者的憤怒；甚麼都不是，只是這、那，或其他事物。我們有太多這些「甚麼都不是，只是」（“nothing buts”）。當利奧塔說「存疑／不可信」之時，這是他一個聰明的選擇。他沒有說「否認」（refutation），這會招致需要另一個宏大故事，一個大得足以反駁眾多宏大故事的故事。他說，這些都是浮誇的，是未經證實的，而我們不再相信這些故事。這些故事成了不可信的，而我們也愈來愈不相信了。差不多任何對科學中做事的方法，或是對科學在歷史中被揭示的方法所作的仔細查看，都顯露了這些簡化但誇大的故事的缺點。後現代主義（postmodernism）因而不是相對主義或懷疑主義——像很多對之作不完全掌握的評論者所作的例行指責那樣；後現代主義周密地注意細節，對事物的複雜性和多樣性敏感；後現代主義敏於細密的閱讀、精細的諸多歷史、種種差異的感應。後現代主義者認為魔鬼在細節之中，但是他們也有理由期望這不會使上帝生氣。現代主義者豈不是相當像閃族（Shemites），狂暴地建造巴別塔、建造「系統」，正如祁克果曾以辛辣的諷刺所言說的？後現代主義者豈不是追隨上帝的帶領，解構巴別塔，清楚表明贊同語言、架構、代模、視角、角度的多樣性？從宗教的角度來看，難道後現代主義不是論證：上帝的觀點留給上帝，人的立場卻沉浸在眾多角度的多樣性之中？

6

哲學與神學：兩種信仰

在這樣新的後現代場景之中，進入宗教與神學，人應該感到更有勇氣去顯示宗教與神學的陳舊頭腦。你明白我現在正朝向哪裏進發。利奧塔拿起「語言遊戲」(language game)這概念(這是維根斯坦首先提出的)，提出語言遊戲那不可約化的多元性，每種語言遊戲都有其自己的規矩，有其自己的權利，所以沒有一「宏大語言/後設語言」(meta-language；這表達曾啟發翻譯的工作)，其他第一序(first-order)或對象語言(object-language)都無須翻譯成宏大語言。利奧塔所講的語言遊戲，不是按娛樂的方式而言的，而是嚴肅的，指的是由規則管理的活動，你只能在踐行中及在認同並跟隨規矩中來學習。維根斯坦堅持語言遊戲的多樣性，他從而拒絕如下的想法：所有這些遊戲可以被翻譯成具有規範性、可以互相流通的「宏大語言」。多種的遊戲讓事物被說出來，而你只能透過學習語言來明白所說的，只能透過學習事物如何在這種語言之中成形，來明白所說的，正如人類學家所說的藉著「本土化」(“going native”)。在幾種遊戲之間來回，其可能性在於某種跳躍或轉換，即代模的轉換，從一個遊戲轉換到另一個遊戲。

維根斯坦所說的幾種語言，不是指法文、德文和西班牙文(即「自然語言」)，而是科學、藝術、倫理、政治、宗教等語言遊戲。每種語言遊戲的整合性和特質習性，都要被尊重。如果宣稱在一切其他語言之中的每一東西，都只能夠被翻譯成為它們中間的一種語言，譬如說自然科學，這就是違反語言遊戲的概念，因而違反語言本身這概念。所以，如果某人說人類的同情心(倫理學)**只不過是**某些演化所應對的機制(evolutionary coping mechanism；生物學)，這是一個不公平的遊戲、一種科學的約化主義、把不可約化的東西約化。當然，在倫理學之中選取出來的這個例子，並不是隨機的，而是把備受現代性威嚇的某些典型事件羅列出來，這就是把人的價值約化成科學上的客體。當然，今日科學的霸權對應著先前神學所行使的霸權，這霸權曾經一度在前現代成為主要的威嚇。(誰擁有權力，誰就濫用權力。)

這不是誇大的。很多後現代哲學家都全然是世俗主義者，他們那十九世紀的英雄與先行者不是祁克果，而是尼采。他們的興趣是拆去自然科學那嚇人的威信，並聆聽其他方式的言說，他們這份興趣的目標是要推廣他們對藝術及文學的興趣，而非對宗教的興趣。即使這些非常世俗的思想家所做的，其結果是很清楚的和絲毫不錯的，但在我看來他們所非常成功地實現的，是具有不可逃避的意涵：為宗教和神學獲取聆聽的機會——願上帝幫助我們——這一點使世俗化的後現代主義者感到非常不舒服的，一如宗教批判的現代主義評論者對此感到非常不舒服。當哲學家真的對神學別有用心時，那用心就會壓倒現代及後現代的分別。當這情況發生在神學上，有些哲學家就俘擄不到任何人。

但是，後現代轉向那不可否認的結果，是讓宗教的和神學的論說有可能肯定其權利。正如藝術和倫理的語言，宗教的論說也構成其自己不可約化的「生活形式」(form of life)，正如維根斯坦曾經以這字眼來稱呼宗教的論說那樣。這意味著某些不可約化的事物可以在其領域完成，某些事物只能轉換至宗教的「語言遊戲」之中才可以完成，這「語言遊戲」包括其自身獨特的表達方式，如祈禱；祈禱不單指到**談及**(about)上帝，也是**向**(to)上帝講話。向「上帝」說話，不能再因為上帝代表一種非經驗的假設(自然主義及實證主義)而被摒棄，也不能再被約化成倫理學(康德)。上帝這名字的意義，是終極的嵌在宗教羣體的具體生活之中的，上帝的名字是在其中被使用的；上帝這名字的意義，是終極地嵌在那些使用這名字的人其生活形式之中的。「神學」的意義是把字詞給予這種生活形式，是揭開或分解或解釋在這種生活之中所發生的事，並且嘗試跟在其他的生活形式當中發生的事，連結起來。宗教構成一種其自己那不可約化的代模、一種自己的語言、一種自己的視角。

如果宗教的論說如是，那麼神學的論說也如是。需要注意，神學應該常常追隨宗教。奧古斯丁便是個好例子，他同時是主教和神學家。即是，他是牧者和講道者，他是一位密切投入忠信的生活的人，並且他的神學是在一與會眾活潑的傾談之中成長起來的，這保證了他的神學是把一種活潑的信仰概念化。現在，這種代模在兩方面的前線都惡化了。一方面，主教變成了官僚、財務總監、總經理(CEO)、資金籌募者、行政人員、損失控制專家，差不多可以是任何東西，但就不是神學家。另一方面，神學家忙於在學術機構爭取終身聘任和升職，忙於寫論文，但實際上這些論文，除了另一些學者之外，沒有人懂得閱讀，而跟著的是，他們沒有跟教會中的信仰踐行有任何關聯。因此，宗教與學術神學之間有一道重要的鴻溝，這對雙方都不健康，那是我們不應忽視的。

現在很明顯，在後現代轉向之中，信仰和理性之間的界線，需要另外畫出來。在信仰的時代，從前現代的觀點來看事物，信仰具有權威，而知性則服務信仰。從現代的觀點來看，情況則倒轉過來，理性成了人類事務那公共的和具權威的指引；而信仰則只限於私人自由的領域之中，在其中它是安全的(並且是置身事外的)。任何一種情形，都是層級的關係，而那共同的假設是，信仰與理性定然是互相有別的。但是，如果我們反思事物在後現代轉向中的進程，很清楚，這種信仰與理性之分別已經漏洞重重。考慮一下庫恩式代模這個事例。在正常科學的時期，年青的學徒在科學上會開始被引導進入一個由共同假設或前設所構成的世界，或者，我們應該説，是一個在統治中的代模所共許的科學信仰。在過去，它已證明自己是值得信任的，專家對其在將來的豐盈果實也**滿有信**

心——意思是，他們有信（*fides*, faith）。專家的經驗和權威反過來引發學徒的信心。同樣道理，在科學革命的時候，我們需要處理信仰的危機。守舊派會肯定其信仰是牢固的，傳統的代模能夠在宮庭政變之後存活過來，古典的假設仍然可以持守。但是，前衛派同樣肯定其為正確的；雖然所有在期刊和教科書上所累積的證據都支持傳統的前設，但前衛派同樣相信將來是在他們那一邊。讓我們面對所說的事實：提出不同的科學論證，以及尋找不同的實驗以確認他們的宣稱；在這裏我們所要面對的是兩種互相衝突的信仰之間的戰爭。

這兩種信仰的衝突，並非只是使用隱喻，或是隨意使用的類比，這看法的理由是跟解釋的轉向有關。了解並非單單凝望一個純粹的對象。真的，我們恆常從世界接收所輸入的信息，但是無論我們接收甚麼，我們都是以某種適合接收者接收的方式來接收，這接收者必須預備妥當去接收。即使最基本的感知（perception），也是環繞著一個期望的時刻而被構造起來的，跟著這期望要被印證——或否證。當我們開門時，我們期望可以看見一所房子，而不是強風吹過的草原；當我們拿起電話薄，我們期望感受到重量；當我們跌坐在椅子上，我們期望這椅子承託我們的身體。感知的世界，在一定重要的程度下，是一組融貫的期望，這是海德格所講的「解釋的先行結構」（"interpretive fore-structures"）的整體；藉此，我們以恰當的假設來跟世界打交道，「以」如此這般的方式看待事物，或者我們移動它、舉起它、使用它、食用或飲用它，或是與之打招呼，然後我們的期望被印證——或否證。我們在不熟悉的東西之中感到自己迷失——例如，如果我們探訪異地文化——其原因是我們不知道下一步要期望甚麼。我們在概念世界中移動，跟在感知世界中移動，極為相似，我們需要透過某種先行了解、已經鑲嵌的概念框架、概念網絡（webs of concepts），以規劃世界，而這些對世界的規劃在研究的進程中被印證或否證。我們信靠這些解釋的先行結構，我們相信它們，除非或者直到它們不可置信。我們信任它們，我們必須如此，因為要不然我們就要一日幾次作無謂地重覆的事。感知生活的順暢流動——以及科學家在實驗室或歷史學家駐足於封塵的檔案室所作的概念性工作——其倚靠的是我們的期望結構恰當地運作，那是我們所信任的，並且是最終被迫要修正、改革，或者要不然改組的。

換句話說，理性和信仰的古典分別，正是處於哲學和神學需要協商的根源地方，兩者各自從自己的強處出發來討價還價，那假設是：理性是一種看見，清楚地看見，而信仰是一種不見，只看見部分並且是通過一模糊的鏡子觀看，正如聖保羅所說的。無論你站在古典爭論中站在哪一邊，無論你把信仰置於理性之前，跟前現代人一樣；還是把信仰置於理性之下，跟現代人一樣；你都傾向認為，看見是一回事而相信（信仰）又是另一回事。但是，解釋學的—語言的—代模的轉向所引發的轉移結果，是引介「**看似／如**」（seeing as）這概念，它的作用好像第三者，打破這些談判之中那長長的樽頸，並且指出，把兩者作出分別，這看法是更加的破洞重重。「看似／如」把理性陣營所辯解的「純粹看見」（pure seeing）這概念弱化，並把信仰陣營所辯解的「看見部分」（seeing in part）這概念強化。「看似／如」在迄今被稱為理性的東西中，給予信仰較大的角色去扮演，並把在這場古典爭辯中雙方的談判代表，送回談判的起始階段，重新開始。因此，我現在恐怕必須調校我的堅持：我曾經想過，關鍵是在於我們書名那小小的字「與」（and），但現在我已被引導而看到或相信的，榮譽或許應該給予這更小的字「似／如」（as），這小字的聲名被海德格所說的一句話放大了：「那解釋學的似／如」（the hermeneutical as）。

我這樣說，是出於兩個原因。（1）最終無論我們怎樣描述**理性**（因而包括科學及哲學）也好，我們將得退讓，事情一直並非我們所看到的那樣子，當中涉及持續地對一組假設和前設的相信及信靠，這些假設和前設在起作用，就像一組期待的先行結構，它使得我們能夠跟周遭世界打交道——實驗室或檔案室，一首詩或一種古老語言，一個經濟系統或一種外國文化。理性的表現，是以測試及印證的方式來預計推測事物，以某種方式投射事物，以某種方式「閱讀」事物。理性的光意即以某種光投射於事物之上，看事物「似／如」這樣這樣，這光開啟某種空間以便探索——並且一旦這光較其可用性長壽，而我們對其信靠又被動搖了，那麼我們就要準備召回這光。因此，**看見，是開始像相信那樣來觀看事物**（seeing is starting to look something like believing）。（2）同樣道理，**信靠**某些東西，並非一直是處於黑暗和不見之中。剛相反，一個人沒有某種相信，他將不能看見甚麼；如果我們沒有採用我們所相信及信靠的一個看法、一個「似／如」、一個角度、一個視角、一個字眼，我們甚麼都不能看見。相信，是看某物為「似／如」，並且從我們的視角投以某種信心，以致我們可以看見和明白。因此，**相信，是開始像看見那樣來觀看許多事物**（believing is starting to look a lot like seeing）。這看法不是提出要擁有免除信仰的看見，或是無前設的了解明白；而是要尋找恰當的前設、正當的假設、妥當的看法、確當的詞彙，可以對事物投下適當的光，以使我們能夠看見要發生的是甚麼。這看法是要指出，我們如果要看見，就要識別出我們所相信的是甚麼。

如果這樣，如果我這看法是對的，那麼容許我形構第三條論題，這也許是最強烈的一條。哲學與神學的分別不是我們一直所想的那樣子，不是傳統上為信仰與理性之間的分別所描述的那樣子，在那描述中，理性是看見的而信仰是不大能看見的。而是，**哲學與神學的分別在於兩種信仰之間的分別**，我這樣說的意思是兩種「看似／如」。這是根源於共同的或哲學的信仰與另一種或第二種信仰之間的分別，前者是一套前設的結構的複雜網絡，內置於每一人類的規劃之中，內置於我們稱之為知識和我們稱之為行動之中；後者是一較為特殊的或限定的信仰種類，是一確定的宗教信仰——這裏的「宗教的」，我意指「認信的」（confessional）信仰，藉此把天主教徒跟新教徒分別開來。哲學與神學之間的分別，是兩種解釋的觀點之間的分別；這兩種的解釋，都是被某種運作中的信仰內在地安排組織起來的。在這樣的看法下，結果是信仰有很重要的角色要扮演，這是為甚麼我曾經說過，前現代有某些東西是重要的。因為信仰是人類生活的基本形式，是我們存在的基本要素，跟我們呼吸的空氣同樣重要，而我們證明了，信仰是哲學以及神學所不可或缺的元素，結果兩者之分別在於兩者的信仰、兩者各自所擁有的信仰。

7

德里達與奧古斯丁

我現在會說明我的第三條論題，這是關乎信仰在後現代性之中那更廣泛的情況，為此我會檢視一類判例，我稱之為——帶有某種有計劃的傲慢——德里達（Jacques Derrida）的無神論式奧古斯丁主義（atheistic Augustinianism）。請注意，我是以奧古斯丁而不是阿奎那來嘗試作這大膽假設。對後現代神學來說，奧古斯丁代表一更為有趣的可能性，而其原因在於他對信仰與理性之間關係的看法，有更多滲透性。奧古斯丁確信，他的信仰是惟一的方式，能讓他明白他的生命要怎樣走下去。阿奎那認為，信仰與理性像手和手套互相配合，而手還是手，手套還是手套，前者不是後者，反之亦然。也請注意，我的論題在我的假設中意涵著，前現代的人能夠跟後現代的人溝通，這是站得住腳的——如果大家都從信仰與理性之間的那種敵意中釋放出來，這種敵意是在現代性之中被現代性培育起來並且愈加惡化起來的。也請注意，我選擇以德里達作為信仰的新面貌的代表，這是十分謹慎的選擇——在課堂上我會堅持使用有果效的例子——因為不是每一個採取後現代轉向的哲學家，都對這種跟宗教的對話感興趣。他們很多人都認為宗教是死罪（cardinal sins）之一（樞機主教的罪〔cardinal's sin〕！），並且仍然被卡住在十九世紀那約化主義式的、停止談話式的宗教批判。

正如經常地，我們必須要小心，不要誇大其詞。德里達的世界與聖奧古斯丁是遠離的——這是字面的意義又是意象的意義——正如一位晚期古代的教父，與二十世紀「解構」之父是遠離的一樣，正如一位基督徒聖人與巴黎左岸（Rive Gauche）的左翼巴黎知識分子及自我宣認的無神主義者是遠離的一樣。因此，我們一定不可以全然接收這個比較，或是輕易忽略它。請記住，這是後現代的標記，它產生的正是這樣的怪異的一對，像由玻璃和鋼鐵所建成的建築物卻喚起哥德式主教堂的線條。我的奧古斯丁/德里達的類比，正是這樣。重要的是，在這些宏偉的建築之中，他們是否有所成就，是否產生火花。事先沒有保證他們會還是不會，那全在於做得如何。我不想這類比完全不合情理，我也不想把事情弄得太簡單輕易。我想保留奧古斯丁與德里達之間的張力，然後利用其動力把我們推動進入後現代神學的軌道上去，這軌道就是我所提議的：神學與哲學之間的古代談話，現在就讓它發生。

德里達在一九三〇年於阿爾及爾（Algiers）郊區一個中產的、說法語的猶太家庭中出生。阿爾及利亞（Algeria）在地理上相等於古代的努米底亞（Numidia），奧古斯丁便是生於努米底亞，在其上他以北非教會主教的身分服事教會。古代的希波（Hippo）距離阿爾及爾大約一百英里。他和奧古斯丁是「同胞」，這是德里達說過的妙語，德里達甚至曾經有一段短時間住在聖奧古斯丁街（Rue St. Augustin）之上。阿爾及利亞在戰爭之前是法國殖民地，那時，那裏的主流文化及語言是德里達所稱的「基督教的拉丁法語」。二次世界大戰時，在維希（Vichy）政府的命令下，猶太兒童被公立學校趕逐出來，這命令是以拉丁文傳遞下來的；同樣的拉丁文，是德里達在學校所學到的，而他能以這種語言來閱讀奧古斯丁。像奧古斯丁一樣，他夢想離開這省分，前往「大都會」（metropolis；羅馬/巴黎），他們同樣經由海路前往，同樣暈船，同樣以「大蘋果城」（big apple；譯按：意指紐約，喻指大城市）開始其事業生涯。德里達像奧古斯丁一樣，需要從母親身邊溜走，他曾一度極為依附其母親。德里達說，他曾經像奧古斯丁，是一個流淚之子（*filius istarum lacrymarum*），是他母親的眼淚的兒子，她為她那動不動就流淚的兒子而流淚和擔憂。當他的母親（喬治特〔Georgette〕）在尼斯（Nice）——法國南岸——臥床彌留之時，他正撰寫日記，記述他必須保持距離地注視死亡，這是因為，他不斷周遊世界。這日誌刊在他的一本叫《割禮懺悔》（*Circumfession*）的著作中，它是一本對應奧古斯丁《懺悔錄》（*Confessions*）的後現代作品。我們想起，後者包括了一段關於奧古斯丁在母親莫尼卡（Monica）身邊對死亡注視的講述，那是在意大利地中海的海岸，在羅馬之外古代的奧斯蒂亞（Ostia）。當他母親離世之時，德里達其中一篇日誌是在聖莫尼卡（Santa Monica；位於加州）寫的。

德里達在他與奧古斯丁之間的巧合上面戲耍，由此而重建《懺悔錄》的場景：奧古斯丁/德里達、莫尼卡/喬治特、羅馬/巴黎、奧斯蒂亞/尼斯，以及最後，上帝/—？奧古斯丁在《懺悔錄》之中向上帝説話(順便一提，他不是直接向我們説話的)，但我們不肯定德里達向誰説話。他單單説「你」；奧古斯丁説「你」的方式，我們會知道他的意思是指上帝。德里達會不會也意指上帝？如果他是個無神論者，那大概不是指上帝了，但你得小心，你永遠不知道德里達有甚麼祕密。他是跟自己説話嗎？如果他在寫作，那就不會了，因為(在結構上)是沒有私人寫作的。他母親？可能是，但我們都會閱讀這作品而她卻從未讀過，同樣的情況也適用於本寧頓(Geoffrey Bennington；編按：研究德里達的學人)，若德里達不是最後向他説的，文本也是正式交給他的。給他自己和其他人？或許是。他自己及他的讀者、他的母親和上帝？這會很有趣。這在他自己和奧古斯丁之間巧合的戲耍，即在他倆出生和生活之間的巧合、相似處境的戲耍，當然，也是十分嚴肅的，而宗教人士應該會是最後一批輕視這戲耍的人。如果對德里達來説，湊巧的戲耍是十分重要的話，那麼這對奧古斯丁來説，也不惶多樣(*tolle, lege*)；在奧古斯丁，這可被解釋如「恩典」——請注意：解釋**如似**(as)恩典、**如似**禮物。德里達看**如似**湊巧，奧古斯丁則看**如似**恩典。所以，你看到這小小的解釋的「如/似」是多麼重要的，它實在可以產生天翻地覆的改變。

在德里達這本有點令人迷惑的日誌或書籍之中——

這本書是前衛的實驗的作品，它忽略古典的邊界，這是後現代的另一種方式——在眾多最為有趣的段落之內，他在其中一段講到「我的宗教是沒有人明白的……」，這表達很可以引起我們的注意，尤其是來自一位至今為止都被視為十分世俗的哲學家，並且他曾被保守人士尖銳地批評為相對主義者甚至虛無主義者。他繼續寫道：「沒有人比我母親對我的宗教認識更多」——她害怕直接查問他，是否仍然相信上帝，像她在他兒時教導他信靠上帝那樣子，她擔心他，就像莫尼卡擔心奧古斯丁那樣——「但是她必定知道在我的生命中，上帝的恆定性（constancy of God）是以其他名字出現的。」上帝、上帝的名字，沒有被德里達拋棄，他缺乏除去這詞語的權威，這詞語屬於一深層刻印的詞彙並且可追溯到記憶以外的時間。對於德里達，「上帝」一字有重要的作用，其作用仿如給「恆定性」賦以生命、其作用就在於我們可以說上帝**仿如／仿似**（as）生命的恆定性，即使有其他名字可以代替或者「翻譯」之，例如「公義」或「禮物」。舉個例子，當某人說：「上帝是愛。」他們是否意謂，「上帝」是我們給愛所取的最好的名字之一？或者，這是否另一種方式表示（而這是奧古斯丁會問的）：「愛」是否我們給上帝所取的最好的名字之一？對德里達來說，在這些名字之間總是無法解決地滑來滑去，無地可站，無地讓我們作為著力點以中止這戲耍。「所以我只是剛剛合格的無神論者。」為甚麼他不簡單地說：「我**是**（I am）無神論者？」因為這會中止戲耍，這會陷進約化主義的自信圓環、十九世紀實證主義的遲鈍之中，這些代表了德里達所曾稱的「無神論者的神學」(atheistic theology)，他的意思是教條的無神論(dogmatic atheism；他以「神學」這個字詞仿如壞的意思而使用之，仿如一個用在教條主義身上的名字)。相反，他想，我們所稱為「我」的東西，是隱含在某種衝突的、某種競爭的聲音中的，它使得大家都沒有安息，所以總是在我裏面有一無神論者，想要與我所擁有的信念表白競爭，正如在我裏面總有一相信者，與我所擁有的不信表白競爭。這是為甚麼他說上帝的名字是祕密的名字，祂向他隱瞞自己。儘管如此，他還是「剛剛合格」的無神論者——那是根據地上的牧者或拉比的標準。這些都是其他人所講關於他的事，而這些事都是很對的。但是不要讓所說的僵化成了教條(不要讓我們的信仰和踐行僵化，以成了純粹的在場〔pure presence〕，那正是「解構」意指的大多數情況)。請注意，蘇格拉底的圓環可以套在德里達這裏所說的，也同樣可以用在祁克果身上。當祁克果說他從來不假裝自己**是**(be)一個基督徒，最多是表明他嘗試**成為**(become)一個基督徒。希望這最佳的公式，可以對那些敏感於自己生命之中，常被複雜又多種的力量攪動的信徒，用得上場；正如我們所有人，豈不都應該宣稱我們最多只是「剛剛合格」的信徒？無論我們相信甚麼，或不相信甚麼，這豈不是絕佳的公式嗎？

在同樣令人驚訝的形構中，德里達琢磨：「我是否應該告訴他們，我祈禱。」他繼續講下去：「因為如果你知道……我祈禱的經驗，你就會知道所有事情，你會告訴我這些祈禱是向誰講的。」他同樣琢磨：「今天，那些在上面閱讀我的，會否看見我的眼淚，他們會否猜度我的一生是一長長的祈禱歷史，因為這些讀者已經明白每一事情，除了我一直活在祈禱之中、眼淚之中。」像奧古斯丁，德里達是祈禱和眼淚之子。但是他在向誰祈禱？並且他為了甚麼哭泣？如果他知道答案，如果有人可以告訴他這一切的答案，他可能無需祈禱。他祈禱，因為他不曉得向誰祈禱，或者不曉得事實上是否會有人聆聽他的祈禱。他的祈禱的貧乏，沒有招致祈禱的終結，但卻正是這貧乏驅使他祈禱。神學家有時會問，向一位未知的上帝祈禱，是否有可能？一位神學家對此曾經這樣評論：這樣的行動是向一位虛擬的上帝（virtual God）所作的真實祈禱——一次真實和真正的祈禱，是向著一位隱藏的、潛在的上帝而發出的。[9] 德里達那貧乏的祈禱，豈不是蘊含深沉和豐富的意義嗎？我們豈不是在每一祈禱開始時，為那祈禱而作出祈禱嗎？我們祈禱之前，我們豈不是說「上主，聆聽我們的祈禱」，然後繼續祈禱？在祈禱之中豈不是會有某種的自動生效——藉著祈禱有能力祈禱，已經是祈禱了？上主，我們向你祈禱，教導我們祈禱。上主，我信，請幫助我的不信。我們的祈禱，是出於我們沒有能力祈禱；我們相信，是出於我們背後的不信。有些時候，在聖十字架約翰（Saint John of the Cross）所講的「靈魂的黑夜」（"dark night of the soul"）中，我們持續祈禱，即使我們完全確信我們不再信靠上帝。然後，正正在這不可能祈禱的時刻，祈禱漸漸白熱化。

德里達引用《懺悔錄》而向奧古斯丁提問：當我愛我的上帝的時候，我在愛甚麼？他跟著加上：他一生不曾做過甚麼，他不過是問自己這問題。奧古斯丁問上帝：當我愛祢之時，我所愛的是甚麼？在我周遭世界的美麗事物？在天上的繁星？奧古斯丁代它們答道：不，不，因為它們全都回應：上帝創造我們。德里達與奧古斯丁共有一個不平靜安穩的心——我們的心沒有平靜安穩，除非它們在祢裏面安頓下來（*inquietum est cor nostrum*），奧古斯丁曾經這樣說過——但是，德里達不能把他的不安頓置於一個非凡的愛的對象，好像奧古斯丁的上帝，來解決他的問題。對於德里達來說，上帝的名字的作用，不是導致安頓的和平，而是攪動那仍然處於不安頓的提問，因為對他來說，上帝的恆定性並不具有一安穩和確定的名字。

在另一處地方，德里達為他那稱為純粹「彌賽亞的」（pure "messianic"）和具體的「彌賽亞主義」（concrete "messianisms"）之間的分別，作出引介。他所講的具體的彌賽亞主義，首先指的是**歷史的**「經典宗教」（historical "religions of the Book"），即基督教、猶太教，以及伊斯蘭教，所有這些宗教都持有一種彌賽亞的信仰，相信一個歷史的有血有肉的彌賽亞會來臨，以及相信彌賽亞的時代會來臨。但是他也意指**哲學的**彌賽亞主義（philosophical messianisms）——即黑格爾的、馬克斯的，和海德格的——在他們那裏，同樣的彌賽亞的信仰環繞著以下的東西而被組織起來：嚴謹的哲學終末論（philosophical eschatology）、一種對世俗的或純粹的歷史夢想所持的哲學信仰及盼望，甚至我們可以說是哲學家的祈禱——為無階級的社會、為一切人得自由的時代，等等。從這些歷史的具體彌賽亞主義，德里達分別出那純粹的彌賽亞，他意指，這是盼望和期望的純粹形式、「來臨」（"to come", *à venir*）的獨特結構，這結構是將來（*l'avenir*）這概念的核心；將來在這裏以敞開—無終結及不可預見性為標記。當然，可以有相對地可預見的將來，他稱之為「將來的現在」（"future present"），這是我們所計劃的將來，並且能夠合理地期望這將來是事情的現在進程的結果。但是這不是「絕對的將來」（"absolute future"），這絕對的將來是徹底地不可預見的將來，在其中我們抱一線希望地盼望（we hope with hope against hope），正如聖保羅說過；在事情的來臨中，我不十分清楚那是甚麼，對這些東西我們可以以現下最沒有害的名字來命名，像「公義」或「禮物」。這種純粹的彌賽亞，切中了我們故事之中的核心，因為我們的生活包括了祈禱和眼淚，並且我們總是祈求公義、禮物、上帝、某些東西的來臨。我不知道那是甚麼，而總是在問道：「當我愛你，我的上帝，我愛的是甚麼？」

那麼，我們怎樣描述奧古斯丁這位古典神學家、脆弱的教父，跟德里達這位當代的哲學家、剛剛合格的無神論者，兩者之間的分別？我們應否說，奧古斯丁具有真正的信仰而德里達卻落在絕望之中？奧古斯丁祈禱而德里達卻沒有留下任何祈禱？同樣地，德里達勉強地是個祈禱和眼淚之子，持著一個沒有標示的信仰。不，真正的差異來自當奧古斯丁說「祢」（*tu, te*）時，他意指在歷史上可辨識的上帝，這是他先輩的上帝，這是那從亞伯拉罕一直傳到使徒，再由使徒傳到他的信仰的上帝，並且他透過寫作這文本而把這位上帝傳遞給我們。再者，當奧古斯丁祈禱，他跟信仰羣體具體地祈禱，與上帝的子民祈禱，而他已擁有那些已構成這些子民的話語和祈禱和故事。換句話說，「祢」——奧古斯丁所祈禱的對象——有一個專名、定名，一個在萬名之上的名字，在這名字面前，萬民都要跪下。因此，同樣地，奧古斯丁的信與望與愛，具有一確定的和特定的終點（其無限性是不可妥協的）。但是，德里達的信與愛，雖然真實及堅決，但卻從不會在這種確定性和可以命名性（nameability）中安定下來；德里達的信與愛，仍然長久地為那無盡的可翻譯性（translatability）所追趕，因為他從不知道祕密。那祕密是，沒有祕密和沒有特權通道以認識祕密，沒有一下子的重擊能夠中止這戲耍而可以安息。從德里達的角度來看，奧古斯丁透過限定的名字，以很多方式處理那祕密，以很多方式確定那不確定的、命名那不可命名的、中止那戲耍。

因此在德里達那裏，有一些宗教的和祈禱的東西，有一些信實的和期盼的東西，是不可約化的，完全像奧古斯丁。事實上，如果我不是擔心掀起另一場在哲學與神學之間的地盤之戰，我可能提出（雖然這提議極為輕率），如果事實上，祈禱是一種「負傷的話語」（wounded word），那麼德里達的《割禮懺悔》較奧古斯丁的《懺悔錄》就**更富**祈禱味道，因為字詞更為負傷、更為割破——

"circum-cisional"（割一切的）、"circum-fessional"（割一悔的）——並因而更為懺悔的、更為割禮懺悔的，因為他欠缺奧古斯丁的羣體和擔保。當記得，奧古斯丁的《懺悔錄》也是一種在**認罪禱告**（confiteor）意義下的「懺悔」，我認信（confess）或持守（profess）某種特殊的信仰、某種確定的信仰；而德里達的信仰卻是在某種意義下，更為純粹認信的（confessional），但他所認信的東西卻全向他隱瞞。因此，即使德里達是「無神論者」而非「神學家」，在他身上還是具有某些「宗教的」東西，這樣說的意義要從德里達在別處所講的一個「沒有宗教的宗教」（"religion without religion"）來了解。

那麼，在奧古斯丁與德里達之間的差別，在一個於現代性許多世紀之前出現的神學家與一個以後現代模態出現的哲學家之間的差異，並非信與無信之間的差異，並非盼望與絕望之間的分別，並非絕對主義與相對主義之間的分別，而是兩種信仰之間的分別、兩種不同類型的信仰之間的分別——一種是確定的信仰，刻印在一個具體的信仰羣體之中；另一種是不確定的信仰，有點迷失或走叉，但是竟然以其自己的方式，或許甚至是深深地，置定及解說一更純粹的信仰，這種信仰是信仰在其自己。我們在從奧古斯丁和德里達散發出來的東西所看見的，不是信仰與不信或盼望與絕望的簡單對立，而是兩種對希伯來書作者所講的「所望之事的實底（*hypostasis*；實質），是未見之事的確據」（來十一1）的不同的部署調動，這正是我們所可以找到的，一個十分適合關乎相信的描述、刻劃。不是我們所看見的推動我們，而是我們所看不見的，甚至不是我們周遭的一切所具有的實質性（substantiality），喚醒我們的盼望，而是我們所盼望的虛體（insubstantiality），像陰魂一般的東西，喚醒我們的盼望。這是我以之為我們生命的原理，以及後現代信仰的原理、哲學的神學的原理或神學的哲學的原理(隨你選擇那個較少引起麻煩的講法)，這原理跟聖經經卷同樣古老。

8

超越對立：生命的激情

我已花了所有時間嘗試來到這一觀點，讓我們稱之為後現代的觀點，但這字眼最終對我沒甚麼重要性。重要的是，如果我的講述是對的話，那麼現代性嘗試環繞著理性、科學及哲學所建立的舊有的邊界和高牆，都已經倒下來了。如果情況是這樣子的話，那麼信仰的語言就可以重新獲取其名望，而如果信仰已經得以在諸種好處之中，恢復佔有恰當的位置，那麼這就賜給神學新的開始，燃起信仰。但是我所說的信仰，並非意指與理性對立的信仰；如果我是對的話，那麼，那是一種十分簡化的對立，而我已經嘗試使之弱化及複雜化，卻沒有完全置疑這對立——如果把兩者之間的分別取消，那麼我們甚麼也不會得到。我所說的信仰，是指跟**犬儒主義**（cynicism）對立的信仰、跟犬儒的不信對立的信仰；犬儒者拒絕相信有甚麼東西可以命令我們對其尊重，拒絕相信有甚麼東西在其莊嚴和美麗面前我們會突然停下腳步，拒絕相信事物中有甚麼出眾的品質可以讓我們大開眼界和目瞪口呆。我說的信仰是，當我們以某種不可量度的廣大無邊來量度自己之時，在我們裏面所湧起來的感觸；那感觸就像當我們在午夜站在大洋邊緣，在我們裏面攪動起來的那感觸，除了拍岸浪花外就只得自己，只見滿月照出一條道路小徑，從萬里之外的地方越過海浪延伸到我們的腳下。

然後，試想哲學家和神學家就如這海洋上的結伴海員，他們在七萬英噚之外去冒險和開拓，這些老練的人告訴我們無數故事，而我們就像青少年那樣睜大眼睛，深信每一字每一句。

試想哲學和神學就如結伴同行的旅人，因此即使在他們之間有著甚麼理論上的分別或甚至對立，他們都不是敵人，而是在危險海洋中的同伴，嘗試在生活的謎語中尋找出路。

試想哲學和神學就如：同一激情的不同時刻、我們所唱的同一歌曲的不同嗓子、對全然包圍我們的同一黑暗作出的不同反應，我們全都是走在同一道路上的朝聖同路人，我們——包括哲學家和神學家、科學家和詩人——全都要承認我們有點迷失，這正是我們開始尋索的惟一辦法。

試想哲學與神學就如結伴的行星，在環繞著同一中心的軌道上運行，被處在中心的絕對祕密的引力所托住，而循著環繞中心奧祕的同心圓圈來移動。

總的來說，而我現在就揭開我的最後論題（我應許）：我自己的假設是，哲學與神學是不同的，但卻以相伴的方式，育養那我稱之為**生命的激情**（passion of life）。我主要的興趣、我所全心貫注的，乃在於甚麼賜給生命其激情、甚麼把我們從冷漠和平庸那單調乏味的漂流中揚起、甚麼賜給我們非凡的能力去愛我們自己以外的、甚麼賜給我們非凡的能力去追尋那空虛的消費主義之外的——我們總是在購物商場遊蕩，無盡地追尋更多的擁有。從研究後現代的怪異的一對——奧古斯丁/德里達——中，其中浮現出來的一樣重要的東西，就是這問題的核心：「當我愛我的上帝，我愛的是甚麼？」我愛這問題，因為它假設，愛上帝就是一切，然後想要知道的只是這愛包括了甚麼；這是為甚麼這問題能夠被奧古斯丁在一全然的神學處境之中，形構出來，而然後，大概過了十六個世紀之後，這問題能夠再一次被德里達以其自己非常不正統的哲學方式，重覆及再脈絡化/處境化。這是因為這問題觸及痛處和長久不散；在重要的意義上，這是**那**（the）問題，這是我們所要提出那惟一的、也是概莫能外的問題，一個關於我們愛甚麼的問題，一個關於甚麼賜給生命激情的問題——如果有這東西的話。愛上帝的對立面，就是犬儒主義，是甚麼也不愛，從非啟蒙的角度來翻譯，這就是愛自己。我不是反對愛自己；若你不愛自己，就沒有甚麼東西會使你著緊，因為你不認為你自己值得去愛。我是反對以自私的和自戀的方式去愛自己，卻犧牲了對他人的愛和對上帝的愛。

比起德里達和奧古斯丁本身，那讓我更感興趣的，是德里達和奧古斯丁如何越過深淵而彼此溝通，這位神學家和這位哲學家**之間**相似的地方，如何可以**越過**那道把奧古斯丁的《懺悔錄》和德里達的《割禮懺悔》分隔開來的裂隙，而繼續下去。那是甚麼？那是祈禱。他們每一位，都把祈禱送到深夜裏，我們卻不知道祈禱的去向，雖然我們根據我們不同的信仰而有不同的觀點。還有眼淚。他們每一位，都為要來的某些東西而流下眼淚，我們不知道那是甚麼東西，只知道那是將要轉化我們的，對於那些東西我們欠缺名字，對於那些東西所有當下的名字都有缺漏。他們每一位都為到某個難以捉摸的和不知名的彌賽亞的時代而祈禱和流淚。

從我所採取的觀點來看，我們全都為我們的存在而祈禱和流淚，我們全都為那賜給我們生命強度、催迫、深度、激情、某些缺了就使得生命膚淺的東西，而祈禱和流淚。我這樣説的時候，我清楚地知道這是出於我思想中的德里達和奧古斯丁，我也同時挪用神學家田立克（Paul Tillich），對他來説，上帝的獨特意義，是要作為我們存有的深度和奧祕。生命的激情，是我轉向哲學和神學的原因，或者轉過來，這是為何它們追上我及顛覆我。我發現自己在這兩者之間來回奔走，就像一個男人嘗試在兩個不同的城鎮之中保有兩份不同的工作那樣。這並非好像關乎選擇的問題。因為我已經被這兩者誘惑了，它們不幸地在老遠就把我從每日的生活中引誘、誘釣、獵取出來，並且拖拉進它們的房間去為自己答辯。

我已經——並且或許這是所有意象中最好的一個——被神學/哲學的話語所傷，如人言説自己為愛之箭所傷的方式。哲學和神學都是為受傷的靈魂而存在的。事實上，我們那些學習研究任何人文科學的、語言和文學的、歷史和藝術的、哲學和神學的，或任何自然科學的人，都已經為某些讓我們眩暈的、珍奇的、美麗的、深沉的和迷惑的東西，刺透內心。我們知道醫生不會講出所有，不會講出傷口不會痊癒，不會講出我們不會再復原。我們所承受的打擊，早已破壞我們的平衡；我們被挑釁所動搖、被某些讓我們目瞪口呆的東西動搖，我們被問題追逐而不能安息。我們已被某些造成震抖的折磨探望過（這是震抖「呈現自己的方式」，正如某些醫學教科書所說的），但也可以有另外的怪異情況——這種失序引生了一種我們對折磨的鍾愛，所以病人不想痊癒、讓其傷口縫合、中止這些震抖。因為我們在我們生活的震抖中生活及呼吸，我們早已向事物的可疑性暴露自己，我們早已使得自己在愛的傷口面前成為脆弱的，我們早已在夜裏被基本原始力量的問題探訪過，我們早已被那永不靜止的聲音搖動到心坎裏去。

我們被在我們面前散播開去的深度所養育，它像性感妖女誘惑我們。我們認為，生命像一顆星，在愈漆黑的夜晚照得愈明亮。那是賜給事物深度的漆黑，而我們要給予漆黑其應得的，不是因為我們是蒙昧主義者，而是因為我們熱愛星體的光亮。生命四周的含混性其漆黑圓環，是生命的富饒的一個至關重要的要素；它不是某些要被驅散的東西，以致我們能夠走向沒有含混的生命。剛剛相反，含混性引發解釋，像古典文本引發無數世紀的註釋，迫使我們要深沉地掌握那躲開我們的掌握的，這含混性不會向我們的掌握就範。在回應這挑釁之中，我們提供諸如此類的、看來是有道理的解釋，而我們在其中也達到某種的自我了解，即使在這種了解之中，我們從來不十分了解我們是誰，並且，即使沒有一個解釋是最終的。這一切的反面，即是背離我們生命的謎團並且擁抱全然的和毫不含混的清晰性，只會是膚淺的生命，這種生命是由輕率的答案和太易得到的東西所輕易偽造出來的。

這是為甚麼我反覆回到聖奧古斯丁的《懺悔錄》，回到這一在文學、哲學和神學（對現代人的分工來說，這是令人驚愕的：一次過三類！）的歷史中的偉大文獻，奧古斯丁就在這本著作的第一章描述了這些震抖：我的心在我裏面不安息，除非我在你裏面安息。我們全都被生就的心靈的境況、一顆不安的心的「不—安頓」（dis-ease）所折磨，這顆心因為追尋某些我不知道那是甚麼的東西而不安頓；這顆心因為追尋某些其名字在一切名字之上的東西，或是追尋某些其名字在原則上是自我隱瞞起來的而不安頓。無論是哪一種情況，惟一的出路是以某種信仰來前行，這信仰就是對生命自身的信仰（faith in life itself）。最終，多種的信仰各自都是一種對生存自身的信仰（faith in existence itself）、一種對生命自己獨特的實質的信仰（faith in the very stuff of life itself）、一種對那湧進我們生命並賜給每一天火花、喜樂的力量的信仰，這也是為甚麼一旦生命走錯路時，我們被折磨得那麼厲害。我們的悲苦被弄得更悲苦，因為所腐化的是華麗的東西，這是為甚麼每一宗教的聖典都命令我們高舉最貧乏的和最無助的上帝兒女。伊羅欣（Elohim）說：好，好，好，好，好——非常好。布魯姆（Molly Bloom）說過：是的，是的，再來，我說是的。我們已經嘗過苦艾，那是生命的苦澀，但是我們仍然會說：是的。[10] 來，主耶穌。德里達說：「正是，是的，是的。」(" *Viens, oui, oui.* ")

當你閱讀《懺悔錄》，你閱讀的方式應該仿如你已踫上一個正在祈禱的人，因為那正是已經發生的事情。奧古斯丁轉身背向我們，他轉向上帝、轉向「祢」(*tu*)，而我們則像場景中的不速之客。當聖奧古斯丁在「上帝面前」(*coram deo*)為自己懺悔的時候，他也發現他自己正面向自己懺悔。我們所講的上帝，其中一個意思是那開啟「自我」(self)的祕密或私人密室的能力或原理或人物。正是在這清晰的/隱晦的時刻、正是在最深沉的自我沉思的時刻(同時也是沉思上帝並在上帝面前沉思的時刻)，奧古斯丁被引導而寫下：我向我自己提問(*quaestio mihi factus sum*)。當他活出只是膚淺的生命時，他知道他真正需要的是甚麼，以及他是誰，或是他認為他是誰——一個野心勃勃的演說家、在羅馬公共生活的世界中冒升的明星、沉醉在愛的愉悅中的愛人——但當他被突然停住，被帶到上帝面前時，他在世界的生命就被打開了，面對著那有無窮無盡可疑性的深淵。這位上帝、這無限性的能力、這存有的深度是誰或是甚麼？在誰面前他被呼喚？並且站在上帝面前的我究竟是誰？他提問：當我愛這位上帝，我愛的是甚麼？他稱這一切為他的「懺悔」，而德里達在後面加上他的「割禮懺悔」，表達他的傷口。但是這些卻是最為怪異的傷口，由割破所形成的，這些割破把我們從膚淺生命的虛空中切割開來，並且帶領我們跟生命的複雜與迷惘、生命最為昏暗的角落，兩相面對面。這迷惘就是給予生命美麗和深度、激情和能力的東西，即使這迷惘把我們偏離中心、使我們失去我們的身分、奪去我們的安穩（這是我們用來跟每日急速的生活談判協商的籌碼）、解除我們那掌控主宰一切的感覺。

如果你看得夠長遠，越過那使得哲學和神學分裂的爭辯、翻過那堵他們建築起來保護自己的城牆、超出那些要臣服對方的戰爭，你便會發現共同的敬畏意識、共同對驚訝或詫異的喘氣，好像注目無窮無盡地鋪陳整個傍晚天空的星體，或者午夜海上的浪濤。

有誰知道我們在這裏？尼采這樣問道，並且他為我們所有人這樣問道。

在這一切底下的，是激情。

註釋

1 這是田立克（Paul Tillich）為「關聯的」（correlational）和「非關聯的」（non-correlational）神學之間作出分別的基礎。關聯的神學追求在上帝的存有與人類的存有之間建立關係或和諧的關係，在其中，上帝總是為我們的上帝（God-for-us），而我們總是為上帝的我們（we-for-God）；在當中，上帝的話語回答神學家在現在的處境中所提出的問題，而神學在變動的需要和新的問題底下不斷重新形構。「非關聯的」神學強調上帝的超越性和上帝的完全他性，以及上帝的話語向世界的建制和向哲學的世界性（worldliness of philosophy）宣講所做成的非時間震盪。在關聯的神學中，我們必須預備條件以接收話語，而非關聯的神學則是「宣講的」（kerygmatic），像巴特（Karl Barth）的神學，他強調話語已無條件地「宣講」，無論我們已經準備或還沒有準備，無論我們喜歡或是不喜歡。

2 事實上，宗教的諸多概念早已滲入文化的根源之中，即使個人或羣體或文化否認宗教信仰引發這些文化思想的開端，但這些宗教概念還是頑強地存在的。這是我們今日許多的「教會與國家」這爭辯背後所存在的東西。我們所認同的公共共識和世俗常識，即每一個體都有其不可剝奪的權利，都是一些其聖經根源祕密地藏在我們心內的看法。例如，上帝知道並愛我們每一個的這看法。我們仍會持守這種看法，即使我們不再相信上帝。

3 **城邦**是自主的希臘城市，具有一個自主國家的政治地位。每一城市有其自己特別的文化，有其保護神靈、自己生活形式的模式及德性的模式——在斯巴達（Sparta）是勇氣，在雅典（Athens）是智慧——城邦像一個母親的子宮，孕育形成每一位市民。

4 參 Jacob Needleman, *The American Soul: Rediscovering the Wisdom of the Founders*（New York: Tarcher Books, 2003）。

5 當歷史學家四圍找尋，決定指頭指向哪一位好為這災難負責任，連阿奎那也有可疑，他給予理性其自己活動的範圍。但是如果那想法是要指出，哲學並且因而是理性，開始脫離神學的準確時間，那麼，司各脫（John Duns Scotus；死於 1308 年）這位偉大的方濟會的（Franciscan）大師（master），更是值得懷疑的。這是因為司各脫是第一個哲學家，堅持上帝與受造物同樣是在「存有」（being）這共同概念「之下」（under）的，這種看法在根本上與引導笛卡兒的想法是同類的，笛卡兒就被這類思想引導而指出：上帝和受造物同樣在因果原理「之下」。這意含在某種程度上使上帝被縮減至適合塞進理性的遮篷之下，並因而神學被隸屬於哲學的管轄權之下。然而，從這角度來看，阿奎那是位深沉的神學思想家，因為他持守如下看法：跟上帝那獨特的存有相比，存有一般（being in general）這概念只是抽象的東西。

6 Blaise Pascal, *Pensées*, trans. A. J. Krailsheimer（Baltimore: Penguin Books, 1995）.

7 Rudolph Bultmann, *Jesus Christ and Mythology*（New York: Scribners, 1958）, 15.

8 James Joyce, *Finnegans Wake*（London: Faber & Faber, 1960）, 118.

9 Jean-Luis Chrétien, "The Wounded Word: The Phenomenology of Prayer," trans. Jeffrey Kosky in *Phenomenology and the "Theological Turn": The French Debate*（New York: Fordham University Press, 2001）.

10 James Joyce, *Ulysses*, ed. Hans Walter Gambler（New York: Vintage Books, 1986）, 643 ~ 644.

附錄

人物以出生年份排序

蘇格拉底（Socrates；公元前 469～399 年），柏拉圖的老師及靈感來源，他說過：「未經檢視的生命，是不值得活的。」（Plato, Apology, 42a）他沒有留下任何著作，我們對他的認識是透過柏拉圖的早期對話錄，見 Plato, *The Last Days of Socrates*, ed. Harold Tarrant, trans. Hugh Tredennick（New York: Penguin, 1993）；以及 Xenophon, *Converstaions of Socrates*, trans. Robin H. Waterfield and Hugh Tredennick（New York: Penguin, 1990）。亦參見 Aristophanes, *Clouds*, trans. Peter Meineck（Indianapolis: Hackett Pub. Co., 2000）。

柏拉圖（Plato；公元前 427～337 年），使西方哲學得到其重要性，他的作品——《理想國》（*Republic*）是最著名的——是其後所有哲學家不能繞過的參考架構。見 Plato, *The Collected Dialogues*, ed. Edith Hamilton and Huntington Cairns（Princeton: Bollingen Series, 1961）。在無數導論之中，G. M. Grube, *Plato*（reissues, Boston: Beacon Press, 2000），是清晰和可靠的。

亞里士多德（Aristotle；公元前 384～322 年），與柏拉圖同為西方哲學的創建者。他是柏拉圖的學生，卻在完全不同的方向獨立發展出來。見 *The Basic Works of Aristotle*, ed. Richard McKeon（repr., New York: The Modern Library, 2001）。Marjorie Grene, *A Portrait of Aristotle*（repr., South Bend: St. Augustine's Press, 1998），這是極佳的起點。

聖保羅（Saint Paul），嗯，是聖保羅。關於他對哲學的態度，見 Stanislas Breton, *The Word and the Cross*, trans. Jacquelyn

Porter（New York: Fordham Univ. Press, 2002）。

聖奧古斯丁（Saint Augustine；354～430年），基督教會最偉大的早期教父。他援引柏拉圖的和新柏拉圖哲學家的作品，並且以《懺悔錄》（*Confessions*）及《上帝之城》（*City of God*）而最為人所識：*Confessions*, trans. F. J. Sheed（Indianapolis: Hackett Pub. Co., 1970；我用的主要是卷一及卷十）；*The City of God*, trans. Henry Bettenson（repr. Baltimore: Penguin Books, 2003）。他的「如果我懷疑，那麼我存在」的論證，可以在《上帝之城》卷十一第二十六章中找到。我所知最優秀的總體介紹，是 Garry Wills, *Saint Augustine*（New York: Penguin, 1999）。我也推薦田立克論述聖奧古斯丁和聖阿奎那之間的分別的文章：Paul Tillich, "Two Theories of the Philosophy of Religion," in *Theology of Culture*, 10～29（見下面「田立克」一條）。

聖安瑟倫（Saint Anselm；1033～1109年），在其《論說篇》（Proslogian）提出著名的「存有論的論證」（ontological argument），但他也因其在《上帝為何成為人》（*Why God Become Man*）一書中的代贖論（the theory of penal substitution）而被人認識。見 *Anselm of Canterbury: The Major Works*, ed. Brian Davies and G. R. Evans（Oxford: Oxford Univ. Press, 1998）。

邁蒙尼德（Moses Maimonides；原名 Moses ben Maimon；1135～1204年），是中世紀最偉大的猶太哲學的神學家。他跟阿奎那（阿奎那經常引用邁蒙尼德）一樣，倚賴亞里士多德來解釋聖經經卷。他最著名的作品是 *A Guide for the Perplexed*, trans. M. Friedlander（New York: Dover Books, 1904, 1956）。在伊斯蘭的世界之中，哲學的主導人物是**阿維森納**（Avicenna；阿拉伯語為 Ibn-Sina；980～1037年）和**阿威羅伊**（Averroes；阿拉伯語為 Ibn Roschd；1126～1198年）。關於伊斯蘭的歷史及其對歐洲的影響，見瓦特（William Montgomery Watt）的作品。

聖阿奎那（Saint Thomas Aquinas；1225～1274年），是中世紀晚期及羅馬天主教傳統中最偉大神學家。他在其經典《神學大全》（*Summa Theologica*）之中援引亞里士多德作品的拉丁文翻譯：*Summa Theologica*, 5 vol., trans. Fathers of the English Dominican Province（Christian Classics, 1981）。有關避免貶低上帝的創造的論說，見他的其他重要著作：*Summa Contra Gentiles*, ed. Vernon Bourke（South Bend: Univ. of Notre Dame Press, 1976）, Book III, chap. 69。最優秀的總體註釋，很可能是 Etienne Gilson, *The Christian Philosophy of Saint Thomas Aquinas*, trans. I. T. Shook（South Bend: Univ. of Notre Dame Press, 1994）。

伽利略（Galileo Galilei；1564～1642年），是現代科學其中一位創建人。他建造第一支望遠鏡，以此支持哥白尼的理論（Copernican theory），但在教會那著名的審訊下，對這理論默言不語。他的故事最近得到曲折奇情的處理，見 Dara Sobel, *Galileo's Daughter: A Historical Memoir of Science, Faith, and Love*（Baltimore: Penguin, 2000）。

笛卡兒（René Descartes；1596～1650年），以其一六四一年的 *Meditation on First Philosophy*, trans. Donald Cress（Indianapolis: Hackett Publishing Co., 1993），轉變了西方哲學的歷史，並且特別影響了**萊布尼茲**（Gottfried Wilhelm von Leibniz；1646～1716年）——他是一位出色的數學家和邏輯學家以及哲學家；以及影響了**斯賓諾沙**（Benedict de Spinoza）——他是一位猶太的自由思想家，曾因其對「上帝或自然」（*deus sive natura*）這不正統的看法而被逐出會堂。

康德（Immanuel Kant；1720～1804年），與黑格爾（Georg Friedrich Wilhelm Hegel）同為最偉大的德國哲學家和啟蒙思想的高峯，以 *Critique of Pure Reason*, ed. Paul Guyer and Allen Wood（Cambridge: Cambridge Univ. Press, 1996）而聞名於世，這是著名三大「批判」的第一本。

他討論宗教的主要作品可見於 *Religion and Rational Theology*, ed. Allen Wood（Cambridge: Cambridge Univ. Press, 1996）。"What is Enlightenment?"可見於以下網頁：http://www.english.upenn.edu/~mgamer/Etexts/kant.html。

黑格爾（Georg Friedrich Wilhelm Hegel；1770～1831 年），是「德國觀念論/唯心論」（German Idealism）的高峯，並且是此後所有歐洲大陸哲學的界定點（defining point）。他最重要的一本著作是 *Phenomenology of Spirit*, trans. A. V. Miller（Oxford: Oxford Univ. Press, 1977）。我在本書的講述基本上是引自 *Lectures on the Philosophy of Religion*, ed. Peter C. Hodgson（Berkeley: Univ. of California Press, 1988）, 391～489。

萊幸（Gotthold Ephraim Lessing；1729～1781 年），創作了《智者內森》（*Nathan the Wise*；1799 年），他宣稱三大獨一神論的宗教，可歸結為同一的倫理。見其 *Nathan the Wise, Minna Von Barnhelm, and Other Plays and Writings*（New York: Continuum, 1991）。

士來馬赫（Friedrich Schleiermacher；1769～1834 年），是現代新教自由神學（liberal Protestant theology）的巨人，以及自由神學其中一個著名的宗教定義的創造者（絕對倚賴的感觸）。見 *On Religion: Speeches to its Cultured Despisers*, trans. John Oman（New York: Harper Torch Books, 1958）。

祁克果（Søren Kierkegaard；1813～1855 年），「存在主義」（existentialism）之父和宗教版本的「後現代主義」（postmodernism）的重要源頭，他以 *Fear and Trembling*, ed. and trans. Howard and Edna Hong（Princeton: Princeton Univ. Press, 1983），及 *Concluding Unscientific Postscript to "Philosophical Fragments,"* ed. and trans. Howard and Edna Hong（Princeton: Princeton Univ. Press,

1992），而為最著名的。他經常討論蘇格拉底，我引用的是 *The Moment and Late Writings,* ed. and trans. Howard and Edna Hong（Princeton: Princeton Univ. Press, 1998）, 340～343。

尼采（Friedrich Nietzsche；1844～1900 年），以其著名的斷言「上帝已死」而為世所識，對於後現代思想之中反神學的陣營來說，他是十九世紀最重要的背景人物。見其 *Beyond Good and Evil,* trans. R. J. Hollingdale（reissue, New York: Penguin Books, 2003），及 *Twilight of the Idols* 和 *The Anti-Christ*, trans. R. J. Hollingdale（New York: Penguin Books, 1969）。本書開場所引關乎小星體的引文，可在下面找到："On Truth and Lies in a Nonmoral Sense," in *Philosophy and Truth: Selections from Nietzsche's Notebooks of the Early 1870s*, ed. and trans. Daniel Breazeale（Alantic Highlands, N.J.: Humanities Press International, 1979）, 79。

懷德海（Alfred North Whitehead；1861～1947 年），與羅素（Bertrand Russell）於一九一〇至一九一三年合寫 *Principia Mathematica*（Cambridge: Cambridge Univ. Press, 1962），此書奠定現代邏輯的基礎，他發表一九二七至一九二八年吉福講座（Gifford Lecture），並把內容出版為 *Process and Reality*, corrected edition, ed. David Ray Griffin and Donald Shelburne（New York: Free Press, 1958），此書為「進程神學」（process theology）奠定了基礎。他最有名氣的門生是哈茨霍恩（Charles Hartshorne）。這工作今日由哲學的神學家如柯布（John Cobb）、南樂山（Robert Neville）和格里芬（David Ray Griffin）繼續下去。

巴特（Karl Barth；1886～1968 年），現代新正統主義（neo-orthodoxy）之父，在一九一九年以其第一版的 *Commentary on the Letter to the Romans*, trans. Edwin C. Hoskyns from the 6th German ed.（Oxford: Oxford Univ. Press, 1933），震憾自由神學的建制。他跟著寫作不朽的（四卷，但共

十三冊）*Church Dogmatics* [1936～1975], 2nd ed., trans. G. W. Bromiley and Thomas F. Torrance（paperback repr., Edinburgh: T. & T. Clark, 1975～1977, 2004）。我們本書談及的是來自他的 *Anselm: Fides Quaerens Intellectum*, trans. of 2nd ed., ed. Ian W. Robertson（London: SCM Press, 1960）。

田立克（Paul Tillich；譯按：或譯「蒂利希」；1886～1965 年），二十世紀其中一位偉大的開明的神學家，是 *Systematic Theology*, 3 vols.（Chicago: Univ. of Chicago, 1951 ～ 1963）的作者。田立克在此書卷一頁 59 至 66 中，解釋他所追隨的「關聯的方法」，跟某些人像巴特所使用的「非關聯的」方法，兩者之間的分別。亦見他的 *Theology of Culture*（New York: Oxford Univ. Press, 1964）。

海德格（Martin Heidegger；1889～1976 年），在所有二十世紀歐陸哲學家之中，他是最重要的，他同時與存在主義和後現代主義有關，以一九二七年出版的經典 *Being and Time*, trans. John Macquarrie and Edward Robinson（New York: Harper & Row, 1962），最為著名，這著作奠下了當代解釋學的基礎。他對「基督教哲學」的評語，可見於 *An Introduction to Metaphysics*, trans. Ralph Mannheim（New Haven: Yale Univ. Press, 1959）, 6～7, 142～143。他的 *The Principle of Reason*, trans. Reginald Lilly（Bloomington: Indiana Univ. Press, 1991），出色地勾勒了「現代」的出現及其對「理性」的看法。

維根斯坦（Ludwig Wittgenstein；1889～1951 年），是位出生於維也納的哲學家，他主導了英美「分析哲學」的場景，像海德格主導了「歐陸哲學」的場景那樣子。他最重要的作品有一九二一年的 *Tractatus Logico-Philosophicus*, trans. D. F. Pears and B. F. McGuinness（London: Routledge, 1974），這是討論語言的純粹邏輯結構的；還有他在一九五三年的 *Philosophical Investigations*, 2nd ed., trans. G. E. M. Anscombe（Oxford: Blackwell, 1998），這是討論日常語言的微妙之處。見其 *Lectures and Conversations on Aesthetics, Psychology, Religious Belief*, ed. Cyril Barrett（Oxford: Blackwell, 1966）。菲利普斯（D. Z. Phillips）是今日維根斯坦式宗教哲學家的領軍人物。

庫恩（Thomas Kuhn；1922～1996 年），以其一九六二年出版的 *The Structure of Scientific Revolution*, 2nd ed.（Chicago: Univ. of Chicago Press, 1986），改變了美國科學哲學的進程。這著作源自先前論哥白尼的作品：*The Copernican Revolution: Planetary Astronomy in the Development of Western Thought*（Cambridge: Harvard Univ. Press, 1957），在這書中，你可找到關於現代科學誕生的歷史那出色的講述。他的作品——跟維根斯坦和海德格的作品一樣——被「後分析的」（post-analytic）思想家如羅蒂（Richard Rorty）所繼承，羅蒂的作品 *Philosophy and the Mirror of Nature*（Princeton: Princeton Univ. Press, 1981），使得後現代的看法成了英美思想的一個討論題目。

利奧塔（Jean-François Lyotard；1924～1998 年），是藝術、倫理和知識的後現代理論最著名的倡儀者，在一九七九年於其 *The Postmodern Condition: A Report on Knowledge*, trans Geoff Bennington and Brian Massumi（Minneapolis: Univ. of Minnesota Press, 1984）之中，為當代的詞彙鑄造了「後現代」（postmodern）一詞。他也在其臨死之際，就奧古斯丁的《懺悔錄》寫下了：*The Confession of Augustine*, trans. Richard Beardsworth（Stanford: Stanford Univ. Press, 2000）。

德里達（Jacques Derrida；1930～2004 年），他引介了「解構」（deconstruction）一詞，他是無數作品的作者，但是我們集中以下他討論奧古斯丁的文章："Circumfession: Fifty-nine Periods and Periphrases" in Geoffrey Bennington and Jacques Derrida, *Jacques Derrida*（Chicago: Univ. of

Chicago Press, 1993), esp. 138～140, 154～155, 187～188。在這本書中，我們也可以找到本寧頓(Geoffrey Bennington)對德里達的分析，這是我極力推薦的。有關純粹的「彌賽亞的」(pure"messianic")，見 *Specters of Marx*, trans. Peggy Kamuf (New York: Routledge, 1994)。更多有關德里達與奧古斯丁的，參見 *Augustine and Postmodernism: Confessions and Circumfession*, ed. John D. Caputo and Michael Scanlon (Bloomington: Indiana Univ. Press, 2005)。

馬里翁(Jean-Luc Marion；1946～ 年)，是法國和美國宗教哲學復興的領頭人物。他最著名的作品是 *God Without Being*, trans. Thomas Carlson (Chicago: Univ. of Chicago Press, 1991)，但是他也是位最重要的笛卡兒學者。我對自因(*causa sui*)的討論的基礎，可見於其 *On Descartes' Metaphysical Prism*, trans. Jeffrey Kosky (Chicago: Univ. of Chicago Press, 1999), 244～261。